Achieve It All
Productivity Planner
and Habit Tracker
Journal

ISBN 978-1-990709-73-9

If you want to purchase another copy
of your planner, scan this QR code:

If you want to provide a review of
your book, scan this QR code:

HERE ARE 20 BEST PRACTICES FOR USING A PRODUCTIVITY PLANNER AND HABIT TRACKER JOURNAL EFFECTIVELY:

1. Set Clear Goals: Define your short-term and long-term goals to guide your planning and habit tracking efforts.
2. Prioritize Tasks: Identify the most important tasks and focus on those first to maximize productivity.
3. Plan Ahead: Schedule your tasks and activities in advance, preferably at the beginning of each week or day.
4. Break Tasks Down: Divide complex tasks into smaller, more manageable sub-tasks to avoid feeling overwhelmed.
5. Use Time Blocking: Allocate specific time blocks for different activities, ensuring you have dedicated time for each task.
6. Avoid Overcommitting: Be realistic about your capacity and avoid taking on more tasks than you can handle effectively.
7. Review Regularly: Reflect on your progress and review your planner and habit tracker journal frequently to stay on track.
8. Eliminate Distractions: Minimize interruptions and create a focused work environment to enhance productivity.
9. Take Breaks: Schedule regular breaks to rest and recharge, which can help maintain focus and prevent burnout.
10. Celebrate Small Wins: Acknowledge and reward yourself for completing tasks and meeting goals, no matter how small.
11. Be Flexible: Adapt your plans when unexpected events or opportunities arise, and be willing to adjust your priorities accordingly.
12. Maintain Consistency: Stick to your daily routines and habits consistently to develop a strong sense of discipline.
13. Track Progress: Use your habit tracker journal to monitor your progress and identify areas for improvement.
14. Be Specific: Clearly define your habits and track them with specific criteria, such as frequency or duration.
15. Use Visual Cues: Incorporate visual cues or symbols in your planner and habit tracker journal to reinforce habits and goals.
16. Be Accountable: Share your goals and progress with a trusted friend or accountability partner to stay motivated and committed.
17. Reflect and Learn: Take time to reflect on your successes and failures, learn from them, and adjust your approach accordingly.
18. Stay Positive: Cultivate a positive mindset and focus on the progress you're making, rather than getting discouraged by setbacks.
19. Stay Organized: Keep your planner and habit tracker journal in a dedicated space and regularly update them to avoid confusion.
20. Be Patient: Changing habits and increasing productivity takes time, so be patient with yourself and enjoy the journey of self-improvement.

Remember, these best practices are guidelines, and you can adapt them to suit your personal preferences and needs. Happy planning and habit tracking!

PRODUCTIVITY PLANNER

DATE: _____

TODAY'S FOCUS

TODAY/WEEK'S GOALS
S M T W T F S

06:00
07:00
08:00
09:00
10:00
11:00
12:00
13:00
14:00
15:00
16:00
17:00
18:00
19:00
20:00
21:00
22:00
23:00

PRIORITY MATRIX

	URGENT	NOT URGENT
IMPORTANT		
NOT IMPORTANT		

MEDITATION / MENTAL BREAK

TODAY'S MOOD

NOTES

● TO START   ✓ OK   ⌁ DELAY   ⍂ STUCK   ✕ CANCEL

BRAIN DUMP

GRATITUDE

HOME

WORK

PERSONAL

PROJECTS

OTHERS

NOTES:

HABIT TRACKER

HABIT	CHECKLIST
	1 2 3 4 5 / 6 7 8 9 10
	1 2 3 4 5 / 6 7 8 9 10
	1 2 3 4 5 / 6 7 8 9 10
	1 2 3 4 5 / 6 7 8 9 10
	1 2 3 4 5 / 6 7 8 9 10
	1 2 3 4 5 / 6 7 8 9 10
	1 2 3 4 5 / 6 7 8 9 10
	1 2 3 4 5 / 6 7 8 9 10
	1 2 3 4 5 / 6 7 8 9 10
	1 2 3 4 5 / 6 7 8 9 10
	1 2 3 4 5 / 6 7 8 9 10
	1 2 3 4 5 / 6 7 8 9 10
	1 2 3 4 5 / 6 7 8 9 10
	1 2 3 4 5 / 6 7 8 9 10
	1 2 3 4 5 / 6 7 8 9 10
	1 2 3 4 5 / 6 7 8 9 10

PRODUCTIVITY PLANNER

DATE:

S M T W T F S

TODAY'S FOCUS

| 06:00 |
| 07:00 |
| 08:00 |
| 09:00 |
| 10:00 |
| 11:00 |
| 12:00 |
| 13:00 |
| 14:00 |
| 15:00 |
| 16:00 |
| 17:00 |
| 18:00 |
| 19:00 |
| 20:00 |
| 21:00 |
| 22:00 |
| 23:00 |

NOTES

● TO START ✓ OK → DELAY ✗ STUCK ✗ CANCEL

TODAY/WEEK'S GOALS

PRIORITY MATRIX

	URGENT	NOT URGENT
IMPORTANT		
NOT IMPORTANT		

MEDITATION / MENTAL BREAK

TODAY'S MOOD

BRAIN DUMP

GRATITUDE

HOME

WORK

PERSONAL

PROJECTS

OTHERS

NOTES:

HABIT TRACKER

HABIT	CHECKLIST
	1 2 3 4 5 6 7 8 9 10
	1 2 3 4 5 6 7 8 9 10
	1 2 3 4 5 6 7 8 9 10
	1 2 3 4 5 6 7 8 9 10
	1 2 3 4 5 6 7 8 9 10
	1 2 3 4 5 6 7 8 9 10
	1 2 3 4 5 6 7 8 9 10
	1 2 3 4 5 6 7 8 9 10
	1 2 3 4 5 6 7 8 9 10
	1 2 3 4 5 6 7 8 9 10
	1 2 3 4 5 6 7 8 9 10
	1 2 3 4 5 6 7 8 9 10
	1 2 3 4 5 6 7 8 9 10
	1 2 3 4 5 6 7 8 9 10
	1 2 3 4 5 6 7 8 9 10

PRODUCTIVITY PLANNER

DATE:

TODAY'S FOCUS

S M T W T F S

TODAY/WEEK'S GOALS

PRIORITY MATRIX

	URGENT	NOT URGENT
IMPORTANT		
NOT IMPORTANT		

MEDITATION / MENTAL BREAK

TODAY'S MOOD

06:00
07:00
08:00
09:00
10:00
11:00
12:00
13:00
14:00
15:00
16:00
17:00
18:00
19:00
20:00
21:00
22:00
23:00

NOTES

OK   DELAY   STUCK   CANCEL   TO START

BRAIN DUMP

GRATITUDE

HOME

WORK

PERSONAL

PROJECTS   OTHERS

NOTES:

HABIT TRACKER

HABIT	CHECKLIST
	1 2 3 4 5 6 7 8 9 10
	1 2 3 4 5 6 7 8 9 10
	1 2 3 4 5 6 7 8 9 10
	1 2 3 4 5 6 7 8 9 10
	1 2 3 4 5 6 7 8 9 10
	1 2 3 4 5 6 7 8 9 10
	1 2 3 4 5 6 7 8 9 10
	1 2 3 4 5 6 7 8 9 10
	1 2 3 4 5 6 7 8 9 10
	1 2 3 4 5 6 7 8 9 10
	1 2 3 4 5 6 7 8 9 10
	1 2 3 4 5 6 7 8 9 10
	1 2 3 4 5 6 7 8 9 10
	1 2 3 4 5 6 7 8 9 10
	1 2 3 4 5 6 7 8 9 10
	1 2 3 4 5 6 7 8 9 10

PRODUCTIVITY PLANNER

BRAIN DUMP

HABIT TRACKER

DATE:

S M T W T F S

TODAY'S FOCUS

06:00
07:00
08:00
09:00
10:00
11:00
12:00
13:00
14:00
15:00
16:00
17:00
18:00
19:00
20:00
21:00
22:00
23:00

TODAY/WEEK'S GOALS

PRIORITY MATRIX

	URGENT	NOT URGENT
IMPORTANT		
NOT IMPORTANT		

MEDITATION / MENTAL BREAK

TODAY'S MOOD

NOTES

● TO START   ☑ OK   ↗ DELAY   ✓ STUCK   ✗ CANCEL

GRATITUDE

HOME

WORK

PERSONAL

PROJECTS

OTHERS

NOTES:

HABIT	CHECKLIST				
	1	2	3	4	5
	6	7	8	9	10
	1	2	3	4	5
	6	7	8	9	10
	1	2	3	4	5
	6	7	8	9	10
	1	2	3	4	5
	6	7	8	9	10
	1	2	3	4	5
	6	7	8	9	10
	1	2	3	4	5
	6	7	8	9	10
	1	2	3	4	5
	6	7	8	9	10
	1	2	3	4	5
	6	7	8	9	10
	1	2	3	4	5
	6	7	8	9	10
	1	2	3	4	5
	6	7	8	9	10
	1	2	3	4	5
	6	7	8	9	10
	1	2	3	4	5
	6	7	8	9	10
	1	2	3	4	5
	6	7	8	9	10
	1	2	3	4	5
	6	7	8	9	10
	1	2	3	4	5
	6	7	8	9	10

PRODUCTIVITY PLANNER

DATE:

TODAY'S FOCUS

S M T W T F S

TODAY/WEEK'S GOALS

- _____
- _____
- _____
- _____
- _____

06:00
07:00
08:00
09:00
10:00
11:00
12:00
13:00
14:00
15:00
16:00
17:00
18:00
19:00
20:00
21:00
22:00
23:00

PRIORITY MATRIX

	URGENT	NOT URGENT
IMPORTANT		
NOT IMPORTANT		

MEDITATION / MENTAL BREAK

◊ ◊ ◊ ◊ ◊ ◊ ◊ ◊

TODAY'S MOOD

☹ ☹ ☺ ☺ ☺

NOTES

● TO START   ✓ OK   ⤴ DELAY   ▧ STUCK   ✗ CANCEL

BRAIN DUMP

GRATITUDE

HOME

WORK

PERSONAL

PROJECTS   OTHERS

NOTES:

HABIT TRACKER

CHECKLIST

HABIT	CHECKLIST
	1 2 3 4 5 6 7 8 9 10
	1 2 3 4 5 6 7 8 9 10
	1 2 3 4 5 6 7 8 9 10
	1 2 3 4 5 6 7 8 9 10
	1 2 3 4 5 6 7 8 9 10
	1 2 3 4 5 6 7 8 9 10
	1 2 3 4 5 6 7 8 9 10
	1 2 3 4 5 6 7 8 9 10
	1 2 3 4 5 6 7 8 9 10
	1 2 3 4 5 6 7 8 9 10
	1 2 3 4 5 6 7 8 9 10
	1 2 3 4 5 6 7 8 9 10
	1 2 3 4 5 6 7 8 9 10
	1 2 3 4 5 6 7 8 9 10
	1 2 3 4 5 6 7 8 9 10
	1 2 3 4 5 6 7 8 9 10

PRODUCTIVITY PLANNER

DATE:

TODAY'S FOCUS

S M T W T F S

TODAY/WEEK'S GOALS

| 06:00 |
| 07:00 |
| 08:00 |
| 09:00 |
| 10:00 |
| 11:00 |
| 12:00 |
| 13:00 |
| 14:00 |
| 15:00 |
| 16:00 |
| 17:00 |
| 18:00 |
| 19:00 |
| 20:00 |
| 21:00 |
| 22:00 |
| 23:00 |

PRIORITY MATRIX

	URGENT	NOT URGENT
IMPORTANT		
NOT IMPORTANT		

MEDITATION / MENTAL BREAK

TODAY'S MOOD

NOTES

● TO START   ☑ OK   → DELAY   ☒ STUCK   ✗ CANCEL

BRAIN DUMP

GRATITUDE

HOME

WORK

PERSONAL

PROJECTS   OTHERS

NOTES:

HABIT TRACKER

HABIT	CHECKLIST
	1 2 3 4 5 6 7 8 9 10
	1 2 3 4 5 6 7 8 9 10
	1 2 3 4 5 6 7 8 9 10
	1 2 3 4 5 6 7 8 9 10
	1 2 3 4 5 6 7 8 9 10
	1 2 3 4 5 6 7 8 9 10
	1 2 3 4 5 6 7 8 9 10
	1 2 3 4 5 6 7 8 9 10
	1 2 3 4 5 6 7 8 9 10
	1 2 3 4 5 6 7 8 9 10
	1 2 3 4 5 6 7 8 9 10
	1 2 3 4 5 6 7 8 9 10

PRODUCTIVITY PLANNER

DATE: _____

S   M   T   W   T   F   S

TODAY'S FOCUS

TODAY/WEEK'S GOALS

_____
_____
_____
_____
_____

PRIORITY MATRIX

	URGENT	NOT URGENT
IMPORTANT		
NOT IMPORTANT		

06:00
07:00
08:00
09:00
10:00
11:00
12:00
13:00
14:00
15:00
16:00
17:00
18:00
19:00
20:00
21:00
22:00
23:00

MEDITATION / MENTAL BREAK

◇ ◇ ◇ ◇ ◇ ◇ ◇ ◇ ◇ ◇

TODAY'S MOOD

☺ ☺ ☺ ☺ ☺

NOTES

○ TO START   ☑ OK   ⬈ DELAY   ☒ STUCK   ☒ CANCEL

BRAIN DUMP

GRATITUDE

HOME

WORK

PERSONAL

PROJECTS   OTHERS

NOTES:

HABIT TRACKER

CHECKLIST

HABIT					
	1 2 3 4 5	6 7 8 9 10			
	1 2 3 4 5	6 7 8 9 10			
	1 2 3 4 5	6 7 8 9 10			
	1 2 3 4 5	6 7 8 9 10			
	1 2 3 4 5	6 7 8 9 10			
	1 2 3 4 5	6 7 8 9 10			
	1 2 3 4 5	6 7 8 9 10			
	1 2 3 4 5	6 7 8 9 10			
	1 2 3 4 5	6 7 8 9 10			
	1 2 3 4 5	6 7 8 9 10			
	1 2 3 4 5	6 7 8 9 10			
	1 2 3 4 5	6 7 8 9 10			
	1 2 3 4 5	6 7 8 9 10			
	1 2 3 4 5	6 7 8 9 10			
	1 2 3 4 5	6 7 8 9 10			

PRODUCTIVITY PLANNER

DATE:

S M T W T F S

TODAY'S FOCUS

TODAY/WEEK'S GOALS

06:00	☐
07:00	☐
08:00	☐
09:00	☐
10:00	☐
11:00	
12:00	
13:00	
14:00	
15:00	
16:00	
17:00	
18:00	
19:00	
20:00	
21:00	
22:00	
23:00	

PRIORITY MATRIX

URGENT	NOT URGENT
IMPORTANT	NOT IMPORTANT

MEDITATION / MENTAL BREAK

TODAY'S MOOD

NOTES

● TO START   ☑ OK   ↗ DELAY   ☑ STUCK   ✗ CANCEL

BRAIN DUMP

GRATITUDE

HOME

WORK

PERSONAL

PROJECTS

OTHERS

NOTES:

HABIT TRACKER

HABIT	CHECKLIST
	1 2 3 4 5 / 6 7 8 9 10
	1 2 3 4 5 / 6 7 8 9 10
	1 2 3 4 5 / 6 7 8 9 10
	1 2 3 4 5 / 6 7 8 9 10
	1 2 3 4 5 / 6 7 8 9 10
	1 2 3 4 5 / 6 7 8 9 10
	1 2 3 4 5 / 6 7 8 9 10
	1 2 3 4 5 / 6 7 8 9 10
	1 2 3 4 5 / 6 7 8 9 10
	1 2 3 4 5 / 6 7 8 9 10
	1 2 3 4 5 / 6 7 8 9 10
	1 2 3 4 5 / 6 7 8 9 10
	1 2 3 4 5 / 6 7 8 9 10
	1 2 3 4 5 / 6 7 8 9 10

PRODUCTIVITY PLANNER

DATE:

TODAY'S FOCUS

S M T W T F S

TODAY/WEEK'S GOALS

☐ ○
☐ ○
☐ ○
☐ ○
☐ ○

PRIORITY MATRIX

	URGENT	NOT URGENT
IMPORTANT		
NOT IMPORTANT		

MEDITATION / MENTAL BREAK

◇ ◇ ◇ ◇ ◇ ◇ ◇ ◇

TODAY'S MOOD

☹ 😐 🙂 😊

06:00
07:00
08:00
09:00
10:00
11:00
12:00
13:00
14:00
15:00
16:00
17:00
18:00
19:00
20:00
21:00
22:00
23:00

NOTES

● TO START   ☑ OK   ↗ DELAY   ⬲ STUCK   ☒ CANCEL

BRAIN DUMP

GRATITUDE

HOME

WORK

PERSONAL

PROJECTS   OTHERS

NOTES:

HABIT TRACKER

HABIT	CHECKLIST
	1 2 3 4 5 6 7 8 9 10
	1 2 3 4 5 6 7 8 9 10
	1 2 3 4 5 6 7 8 9 10
	1 2 3 4 5 6 7 8 9 10
	1 2 3 4 5 6 7 8 9 10
	1 2 3 4 5 6 7 8 9 10
	1 2 3 4 5 6 7 8 9 10
	1 2 3 4 5 6 7 8 9 10
	1 2 3 4 5 6 7 8 9 10
	1 2 3 4 5 6 7 8 9 10
	1 2 3 4 5 6 7 8 9 10
	1 2 3 4 5 6 7 8 9 10
	1 2 3 4 5 6 7 8 9 10
	1 2 3 4 5 6 7 8 9 10
	1 2 3 4 5 6 7 8 9 10

PRODUCTIVITY PLANNER

DATE: S M T W T F S

TODAY'S FOCUS

TODAY/WEEK'S GOALS

- [ ]
- [ ]
- [ ]
- [ ]
- [ ]

06:00
07:00
08:00
09:00
10:00
11:00
12:00
13:00
14:00
15:00
16:00
17:00
18:00
19:00
20:00
21:00
22:00
23:00

PRIORITY MATRIX

	URGENT	NOT URGENT
IMPORTANT		
NOT IMPORTANT		

MEDITATION / MENTAL BREAK

TODAY'S MOOD

NOTES

→ TO START   ✓ OK   ↑ DELAY   ✓ STUCK   ✗ CANCEL
●

BRAIN DUMP

GRATITUDE

HOME

WORK

PERSONAL

PROJECTS   OTHERS

NOTES:

HABIT TRACKER

HABIT	CHECKLIST
	1 2 3 4 5 6 7 8 9 10
	1 2 3 4 5 6 7 8 9 10
	1 2 3 4 5 6 7 8 9 10
	1 2 3 4 5 6 7 8 9 10
	1 2 3 4 5 6 7 8 9 10
	1 2 3 4 5 6 7 8 9 10
	1 2 3 4 5 6 7 8 9 10
	1 2 3 4 5 6 7 8 9 10
	1 2 3 4 5 6 7 8 9 10
	1 2 3 4 5 6 7 8 9 10
	1 2 3 4 5 6 7 8 9 10
	1 2 3 4 5 6 7 8 9 10
	1 2 3 4 5 6 7 8 9 10

PRODUCTIVITY PLANNER

DATE: _____

TODAY'S FOCUS

☐ ◯	06:00
☐ ◯	07:00
☐ ◯	08:00
☐ ◯	09:00
☐ ◯	10:00
☐ ◯	11:00
☐ ◯	12:00
☐ ◯	13:00
☐ ◯	14:00
☐ ◯	15:00
☐ ◯	16:00
☐ ◯	17:00
☐ ◯	18:00
☐ ◯	19:00
☐ ◯	20:00
☐ ◯	21:00
☐ ◯	22:00
☐ ◯	23:00

NOTES

TODAY/WEEK'S GOALS

S M T W T F S

◯ ☐
◯ ☐
◯ ☐
◯ ☐
◯ ☐

PRIORITY MATRIX

	URGENT	NOT URGENT
IMPORTANT		
NOT IMPORTANT		

MEDITATION / MENTAL BREAK

◇ ◇ ◇ ◇ ◇ ◇ ◇ ◇

TODAY'S MOOD

😖 😕 😐 🙂 😄

● TO START   ☑ OK   ⤴ DELAY   ⚡ STUCK   ☒ CANCEL

BRAIN DUMP

GRATITUDE

HOME

WORK

PERSONAL

PROJECTS   OTHERS

NOTES:

HABIT TRACKER

HABIT	CHECKLIST
	1 2 3 4 5 / 6 7 8 9 10
	1 2 3 4 5 / 6 7 8 9 10
	1 2 3 4 5 / 6 7 8 9 10
	1 2 3 4 5 / 6 7 8 9 10
	1 2 3 4 5 / 6 7 8 9 10
	1 2 3 4 5 / 6 7 8 9 10
	1 2 3 4 5 / 6 7 8 9 10
	1 2 3 4 5 / 6 7 8 9 10
	1 2 3 4 5 / 6 7 8 9 10
	1 2 3 4 5 / 6 7 8 9 10
	1 2 3 4 5 / 6 7 8 9 10
	1 2 3 4 5 / 6 7 8 9 10
	1 2 3 4 5 / 6 7 8 9 10
	1 2 3 4 5 / 6 7 8 9 10
	1 2 3 4 5 / 6 7 8 9 10

PRODUCTIVITY PLANNER

DATE:

S M T W T F S

TODAY'S FOCUS

☐
☐
☐
☐
☐

TODAY/WEEK'S GOALS

PRIORITY MATRIX

	URGENT	NOT URGENT
IMPORTANT		
NOT IMPORTANT		

MEDITATION / MENTAL BREAK

TODAY'S MOOD

06:00
07:00
08:00
09:00
10:00
11:00
12:00
13:00
14:00
15:00
16:00
17:00
18:00
19:00
20:00
21:00
22:00
23:00

NOTES

● TO START   ☑ OK   ↗ DELAY   ⊘ STUCK   ✗ CANCEL

BRAIN DUMP

GRATITUDE

HOME

WORK

PERSONAL

PROJECTS   OTHERS

NOTES:

HABIT TRACKER

HABIT	CHECKLIST				
	1	2	3	4	5
	6	7	8	9	10
	1	2	3	4	5
	6	7	8	9	10
	1	2	3	4	5
	6	7	8	9	10
	1	2	3	4	5
	6	7	8	9	10
	1	2	3	4	5
	6	7	8	9	10
	1	2	3	4	5
	6	7	8	9	10
	1	2	3	4	5
	6	7	8	9	10
	1	2	3	4	5
	6	7	8	9	10
	1	2	3	4	5
	6	7	8	9	10
	1	2	3	4	5
	6	7	8	9	10
	1	2	3	4	5
	6	7	8	9	10
	1	2	3	4	5
	6	7	8	9	10
	1	2	3	4	5
	6	7	8	9	10

PRODUCTIVITY PLANNER

DATE:

S M T W T F S

TODAY'S FOCUS

TODAY/WEEK'S GOALS

☐ ○
☐ ○
☐ ○
☐ ○
☐ ○

06:00	
07:00	
08:00	
09:00	
10:00	
11:00	
12:00	
13:00	
14:00	
15:00	
16:00	
17:00	
18:00	
19:00	
20:00	
21:00	
22:00	
23:00	

PRIORITY MATRIX

	URGENT	NOT URGENT
IMPORTANT		
NOT IMPORTANT		

MEDITATION / MENTAL BREAK

○○○○○○○○

TODAY'S MOOD

😞 😟 😐 🙂 😄

NOTES

● TO START   ✓ OK   ↗ DELAY   ☒ STUCK   ✗ CANCEL

BRAIN DUMP

GRATITUDE

HOME

WORK

PERSONAL

PROJECTS   OTHERS

NOTES:

HABIT TRACKER

HABIT	CHECKLIST
	① ② ③ ④ ⑤ ⑥ ⑦ ⑧ ⑨ ⑩
	① ② ③ ④ ⑤ ⑥ ⑦ ⑧ ⑨ ⑩
	① ② ③ ④ ⑤ ⑥ ⑦ ⑧ ⑨ ⑩
	① ② ③ ④ ⑤ ⑥ ⑦ ⑧ ⑨ ⑩
	① ② ③ ④ ⑤ ⑥ ⑦ ⑧ ⑨ ⑩
	① ② ③ ④ ⑤ ⑥ ⑦ ⑧ ⑨ ⑩
	① ② ③ ④ ⑤ ⑥ ⑦ ⑧ ⑨ ⑩
	① ② ③ ④ ⑤ ⑥ ⑦ ⑧ ⑨ ⑩
	① ② ③ ④ ⑤ ⑥ ⑦ ⑧ ⑨ ⑩
	① ② ③ ④ ⑤ ⑥ ⑦ ⑧ ⑨ ⑩
	① ② ③ ④ ⑤ ⑥ ⑦ ⑧ ⑨ ⑩
	① ② ③ ④ ⑤ ⑥ ⑦ ⑧ ⑨ ⑩
	① ② ③ ④ ⑤ ⑥ ⑦ ⑧ ⑨ ⑩
	① ② ③ ④ ⑤ ⑥ ⑦ ⑧ ⑨ ⑩
	① ② ③ ④ ⑤ ⑥ ⑦ ⑧ ⑨ ⑩

PRODUCTIVITY PLANNER

DATE:

TODAY'S FOCUS
S M T W T F S

TODAY/WEEK'S GOALS

- 06:00
- 07:00
- 08:00
- 09:00
- 10:00
- 11:00
- 12:00
- 13:00
- 14:00
- 15:00
- 16:00
- 17:00
- 18:00
- 19:00
- 20:00
- 21:00
- 22:00
- 23:00

PRIORITY MATRIX

	URGENT	NOT URGENT
IMPORTANT		
NOT IMPORTANT		

MEDITATION / MENTAL BREAK

TODAY'S MOOD

NOTES

● TO START   ☑ OK   ⤳ DELAY   ⧄ STUCK   ✗ CANCEL

BRAIN DUMP

GRATITUDE

HOME

WORK

PERSONAL

PROJECTS   OTHERS

NOTES:

HABIT TRACKER

HABIT	CHECKLIST
	1 2 3 4 5 / 6 7 8 9 10
	1 2 3 4 5 / 6 7 8 9 10
	1 2 3 4 5 / 6 7 8 9 10
	1 2 3 4 5 / 6 7 8 9 10
	1 2 3 4 5 / 6 7 8 9 10
	1 2 3 4 5 / 6 7 8 9 10
	1 2 3 4 5 / 6 7 8 9 10
	1 2 3 4 5 / 6 7 8 9 10
	1 2 3 4 5 / 6 7 8 9 10
	1 2 3 4 5 / 6 7 8 9 10
	1 2 3 4 5 / 6 7 8 9 10
	1 2 3 4 5 / 6 7 8 9 10
	1 2 3 4 5 / 6 7 8 9 10
	1 2 3 4 5 / 6 7 8 9 10

PRODUCTIVITY PLANNER

DATE:

S M T W T F S

TODAY'S FOCUS

	TODAY/WEEK'S GOALS
06:00	
07:00	○
08:00	○
09:00	○
10:00	○
11:00	○
12:00	
13:00	
14:00	
15:00	
16:00	
17:00	
18:00	
19:00	
20:00	
21:00	
22:00	
23:00	

PRIORITY MATRIX

	URGENT	NOT URGENT
IMPORTANT		
NOT IMPORTANT		

MEDITATION / MENTAL BREAK

○ ○ ○ ○ ○ ○ ○ ○

TODAY'S MOOD

☹ ☹ ☺ ☺ ☺

NOTES

● TO START   ☑ OK   ⤷ DELAY   ☑ STUCK   ☒ CANCEL

BRAIN DUMP

GRATITUDE

HOME

WORK

PERSONAL

PROJECTS   OTHERS

NOTES:

HABIT TRACKER

HABIT	CHECKLIST
	1 2 3 4 5 6 7 8 9 10
	1 2 3 4 5 6 7 8 9 10
	1 2 3 4 5 6 7 8 9 10
	1 2 3 4 5 6 7 8 9 10
	1 2 3 4 5 6 7 8 9 10
	1 2 3 4 5 6 7 8 9 10
	1 2 3 4 5 6 7 8 9 10
	1 2 3 4 5 6 7 8 9 10
	1 2 3 4 5 6 7 8 9 10
	1 2 3 4 5 6 7 8 9 10
	1 2 3 4 5 6 7 8 9 10
	1 2 3 4 5 6 7 8 9 10
	1 2 3 4 5 6 7 8 9 10
	1 2 3 4 5 6 7 8 9 10
	1 2 3 4 5 6 7 8 9 10
	1 2 3 4 5 6 7 8 9 10
	1 2 3 4 5 6 7 8 9 10

PRODUCTIVITY PLANNER

S M T W T F S

DATE:

TODAY'S FOCUS

06:00		
07:00		
08:00		
09:00		
10:00		
11:00		
12:00		
13:00		
14:00		
15:00		
16:00		
17:00		
18:00		
19:00		
20:00		
21:00		
22:00		
23:00		

NOTES

☑ TO START   ☑ OK   ☑ DELAY   ☑ STUCK   ☒ CANCEL

TODAY/WEEK'S GOALS

☐
☐
☐
☐
☐

PRIORITY MATRIX

	URGENT	NOT URGENT
IMPORTANT		
NOT IMPORTANT		

MEDITATION / MENTAL BREAK

TODAY'S MOOD

BRAIN DUMP

GRATITUDE

HOME

WORK

PERSONAL

PROJECTS

OTHERS

NOTES:

HABIT TRACKER

HABIT	CHECKLIST
	1 2 3 4 5 6 7 8 9 10
	1 2 3 4 5 6 7 8 9 10
	1 2 3 4 5 6 7 8 9 10
	1 2 3 4 5 6 7 8 9 10
	1 2 3 4 5 6 7 8 9 10
	1 2 3 4 5 6 7 8 9 10
	1 2 3 4 5 6 7 8 9 10
	1 2 3 4 5 6 7 8 9 10
	1 2 3 4 5 6 7 8 9 10
	1 2 3 4 5 6 7 8 9 10
	1 2 3 4 5 6 7 8 9 10
	1 2 3 4 5 6 7 8 9 10
	1 2 3 4 5 6 7 8 9 10
	1 2 3 4 5 6 7 8 9 10

PRODUCTIVITY PLANNER

DATE:

S M T W T F S

TODAY'S FOCUS

TODAY/WEEK'S GOALS

06:00
07:00
08:00
09:00
10:00
11:00
12:00
13:00
14:00
15:00
16:00
17:00
18:00
19:00
20:00
21:00
22:00
23:00

PRIORITY MATRIX

	URGENT	NOT URGENT
IMPORTANT		
NOT IMPORTANT		

MEDITATION / MENTAL BREAK

TODAY'S MOOD

NOTES

● TO START   ✓ OK   ⬆ DELAY   ◩ STUCK   ✗ CANCEL

BRAIN DUMP

GRATITUDE

HOME

WORK

PERSONAL

PROJECTS   OTHERS

NOTES:

HABIT TRACKER

HABIT	CHECKLIST
	1 2 3 4 5 6 7 8 9 10
	1 2 3 4 5 6 7 8 9 10
	1 2 3 4 5 6 7 8 9 10
	1 2 3 4 5 6 7 8 9 10
	1 2 3 4 5 6 7 8 9 10
	1 2 3 4 5 6 7 8 9 10
	1 2 3 4 5 6 7 8 9 10
	1 2 3 4 5 6 7 8 9 10
	1 2 3 4 5 6 7 8 9 10
	1 2 3 4 5 6 7 8 9 10
	1 2 3 4 5 6 7 8 9 10
	1 2 3 4 5 6 7 8 9 10
	1 2 3 4 5 6 7 8 9 10
	1 2 3 4 5 6 7 8 9 10
	1 2 3 4 5 6 7 8 9 10

PRODUCTIVITY PLANNER

DATE:

S M T W T F S

TODAY'S FOCUS

TODAY/WEEK'S GOALS

06:00
07:00
08:00
09:00
10:00
11:00
12:00
13:00
14:00
15:00
16:00
17:00
18:00
19:00
20:00
21:00
22:00
23:00

PRIORITY MATRIX

	URGENT	NOT URGENT
IMPORTANT		
NOT IMPORTANT		

MEDITATION / MENTAL BREAK

TODAY'S MOOD

NOTES

● TO START   ✓ OK   → DELAY   ⩘ STUCK   ✕ CANCEL

BRAIN DUMP

GRATITUDE

HOME

WORK

PERSONAL

PROJECTS   OTHERS

NOTES:

HABIT TRACKER

HABIT	CHECKLIST
	1 2 3 4 5 / 6 7 8 9 10
	1 2 3 4 5 / 6 7 8 9 10
	1 2 3 4 5 / 6 7 8 9 10
	1 2 3 4 5 / 6 7 8 9 10
	1 2 3 4 5 / 6 7 8 9 10
	1 2 3 4 5 / 6 7 8 9 10
	1 2 3 4 5 / 6 7 8 9 10
	1 2 3 4 5 / 6 7 8 9 10
	1 2 3 4 5 / 6 7 8 9 10
	1 2 3 4 5 / 6 7 8 9 10
	1 2 3 4 5 / 6 7 8 9 10
	1 2 3 4 5 / 6 7 8 9 10

PRODUCTIVITY PLANNER

DATE:

S M T W T F S

TODAY'S FOCUS

TODAY/WEEK'S GOALS

- [ ]
- [ ]
- [ ]
- [ ]
- [ ]

06:00
07:00
08:00
09:00
10:00
11:00
12:00
13:00
14:00
15:00
16:00
17:00
18:00
19:00
20:00
21:00
22:00
23:00

PRIORITY MATRIX

	URGENT	NOT URGENT
IMPORTANT		
NOT IMPORTANT		

MEDITATION / MENTAL BREAK

TODAY'S MOOD

NOTES

● TO START   ☑ OK   ⤴ DELAY   ☒ STUCK   ☒ CANCEL

BRAIN DUMP

GRATITUDE

HOME

WORK

PERSONAL

PROJECTS   OTHERS

NOTES:

HABIT TRACKER

HABIT	CHECKLIST
	1 2 3 4 5 / 6 7 8 9 10
	1 2 3 4 5 / 6 7 8 9 10
	1 2 3 4 5 / 6 7 8 9 10
	1 2 3 4 5 / 6 7 8 9 10
	1 2 3 4 5 / 6 7 8 9 10
	1 2 3 4 5 / 6 7 8 9 10
	1 2 3 4 5 / 6 7 8 9 10
	1 2 3 4 5 / 6 7 8 9 10
	1 2 3 4 5 / 6 7 8 9 10
	1 2 3 4 5 / 6 7 8 9 10
	1 2 3 4 5 / 6 7 8 9 10
	1 2 3 4 5 / 6 7 8 9 10
	1 2 3 4 5 / 6 7 8 9 10
	1 2 3 4 5 / 6 7 8 9 10
	1 2 3 4 5 / 6 7 8 9 10
	1 2 3 4 5 / 6 7 8 9 10

PRODUCTIVITY PLANNER

DATE:

S M T W T F S

TODAY'S FOCUS

BRAIN DUMP

HABIT TRACKER

06:00
07:00
08:00
09:00
10:00
11:00
12:00
13:00
14:00
15:00
16:00
17:00
18:00
19:00
20:00
21:00
22:00
23:00

NOTES

TODAY/WEEK'S GOALS

PRIORITY MATRIX

	URGENT	NOT URGENT
IMPORTANT		
NOT IMPORTANT		

MEDITATION / MENTAL BREAK

TODAY'S MOOD

● TO START   ✓ OK   ↗ DELAY   ✓ STUCK   ✗ CANCEL

GRATITUDE

HOME

WORK

PERSONAL

PROJECTS   OTHERS

NOTES:

HABIT	CHECKLIST
	1 2 3 4 5 / 6 7 8 9 10
	1 2 3 4 5 / 6 7 8 9 10
	1 2 3 4 5 / 6 7 8 9 10
	1 2 3 4 5 / 6 7 8 9 10
	1 2 3 4 5 / 6 7 8 9 10
	1 2 3 4 5 / 6 7 8 9 10
	1 2 3 4 5 / 6 7 8 9 10
	1 2 3 4 5 / 6 7 8 9 10
	1 2 3 4 5 / 6 7 8 9 10
	1 2 3 4 5 / 6 7 8 9 10
	1 2 3 4 5 / 6 7 8 9 10
	1 2 3 4 5 / 6 7 8 9 10
	1 2 3 4 5 / 6 7 8 9 10

PRODUCTIVITY PLANNER

DATE:

S M T W T F S

TODAY'S FOCUS

TODAY/WEEK'S GOALS

☐
☐
☐
☐
☐

06:00
07:00
08:00
09:00
10:00
11:00
12:00
13:00
14:00
15:00
16:00
17:00
18:00
19:00
20:00
21:00
22:00
23:00

PRIORITY MATRIX

URGENT	NOT URGENT
IMPORTANT	NOT IMPORTANT

MEDITATION / MENTAL BREAK

◇ ◇ ◇ ◇ ◇ ◇ ◇ ◇

TODAY'S MOOD

☹ 😐 🙂 😀

NOTES

● TO START   ☑ OK   ⬈ DELAY   ☒ STUCK   ☒ CANCEL

BRAIN DUMP

GRATITUDE

HOME

WORK

PERSONAL

PROJECTS   OTHERS

NOTES:

HABIT TRACKER

HABIT	CHECKLIST
	1 2 3 4 5 / 6 7 8 9 10
	1 2 3 4 5 / 6 7 8 9 10
	1 2 3 4 5 / 6 7 8 9 10
	1 2 3 4 5 / 6 7 8 9 10
	1 2 3 4 5 / 6 7 8 9 10
	1 2 3 4 5 / 6 7 8 9 10
	1 2 3 4 5 / 6 7 8 9 10
	1 2 3 4 5 / 6 7 8 9 10
	1 2 3 4 5 / 6 7 8 9 10
	1 2 3 4 5 / 6 7 8 9 10
	1 2 3 4 5 / 6 7 8 9 10
	1 2 3 4 5 / 6 7 8 9 10
	1 2 3 4 5 / 6 7 8 9 10
	1 2 3 4 5 / 6 7 8 9 10
	1 2 3 4 5 / 6 7 8 9 10
	1 2 3 4 5 / 6 7 8 9 10

PRODUCTIVITY PLANNER

DATE: _____

S M T W T F S

TODAY'S FOCUS

TODAY/WEEK'S GOALS

06:00
07:00
08:00
09:00
10:00
11:00
12:00
13:00
14:00
15:00
16:00
17:00
18:00
19:00
20:00
21:00
22:00
23:00

NOTES

PRIORITY MATRIX

	URGENT	NOT URGENT
IMPORTANT		
NOT IMPORTANT		

MEDITATION / MENTAL BREAK

TODAY'S MOOD

☑ OK   ↗ DELAY   ⌁ STUCK   ✗ CANCEL   ● TO START

BRAIN DUMP

GRATITUDE

HOME

WORK

PERSONAL

PROJECTS   OTHERS

NOTES:

HABIT TRACKER

HABIT	CHECKLIST
	1 2 3 4 5 6 7 8 9 10
	1 2 3 4 5 6 7 8 9 10
	1 2 3 4 5 6 7 8 9 10
	1 2 3 4 5 6 7 8 9 10
	1 2 3 4 5 6 7 8 9 10
	1 2 3 4 5 6 7 8 9 10
	1 2 3 4 5 6 7 8 9 10
	1 2 3 4 5 6 7 8 9 10
	1 2 3 4 5 6 7 8 9 10
	1 2 3 4 5 6 7 8 9 10
	1 2 3 4 5 6 7 8 9 10
	1 2 3 4 5 6 7 8 9 10
	1 2 3 4 5 6 7 8 9 10

PRODUCTIVITY PLANNER

DATE:

S M T W T F S

TODAY'S FOCUS

TODAY/WEEK'S GOALS

- ☐
- ☐
- ☐
- ☐
- ☐

06:00
07:00
08:00
09:00
10:00
11:00
12:00
13:00
14:00
15:00
16:00
17:00
18:00
19:00
20:00
21:00
22:00
23:00

PRIORITY MATRIX

	URGENT	NOT URGENT
IMPORTANT		
NOT IMPORTANT		

MEDITATION / MENTAL BREAK

◇ ◇ ◇ ◇ ◇ ◇ ◇ ◇

TODAY'S MOOD

😠 😟 😐 🙂 😄

NOTES

● TO START ☑ OK ⤴ DELAY ☒ STUCK ☒ CANCEL

BRAIN DUMP

GRATITUDE

HOME

WORK

PERSONAL

PROJECTS

OTHERS

NOTES:

HABIT TRACKER

CHECKLIST

HABIT		
	1 2 3 4 5	6 7 8 9 10
	1 2 3 4 5	6 7 8 9 10
	1 2 3 4 5	6 7 8 9 10
	1 2 3 4 5	6 7 8 9 10
	1 2 3 4 5	6 7 8 9 10
	1 2 3 4 5	6 7 8 9 10
	1 2 3 4 5	6 7 8 9 10
	1 2 3 4 5	6 7 8 9 10
	1 2 3 4 5	6 7 8 9 10
	1 2 3 4 5	6 7 8 9 10
	1 2 3 4 5	6 7 8 9 10
	1 2 3 4 5	6 7 8 9 10
	1 2 3 4 5	6 7 8 9 10
	1 2 3 4 5	6 7 8 9 10

PRODUCTIVITY PLANNER

DATE:

S   M   T   W   T   F   S

TODAY'S FOCUS

06:00
07:00
08:00
09:00
10:00
11:00
12:00
13:00
14:00
15:00
16:00
17:00
18:00
19:00
20:00
21:00
22:00
23:00

TODAY/WEEK'S GOALS

PRIORITY MATRIX

	URGENT	NOT URGENT
IMPORTANT		
NOT IMPORTANT		

MEDITATION / MENTAL BREAK

TODAY'S MOOD

NOTES

● TO START   ☑ OK   ☐ DELAY   ☑ STUCK   ✕ CANCEL

BRAIN DUMP

GRATITUDE

HOME

WORK

PERSONAL

PROJECTS   OTHERS

NOTES:

HABIT TRACKER

HABIT	CHECKLIST
	1 2 3 4 5 / 6 7 8 9 10
	1 2 3 4 5 / 6 7 8 9 10
	1 2 3 4 5 / 6 7 8 9 10
	1 2 3 4 5 / 6 7 8 9 10
	1 2 3 4 5 / 6 7 8 9 10
	1 2 3 4 5 / 6 7 8 9 10
	1 2 3 4 5 / 6 7 8 9 10
	1 2 3 4 5 / 6 7 8 9 10
	1 2 3 4 5 / 6 7 8 9 10
	1 2 3 4 5 / 6 7 8 9 10
	1 2 3 4 5 / 6 7 8 9 10
	1 2 3 4 5 / 6 7 8 9 10
	1 2 3 4 5 / 6 7 8 9 10

PRODUCTIVITY PLANNER

DATE:

S M T W T F S

TODAY'S FOCUS

TODAY/WEEK'S GOALS

- [ ]
- [ ]
- [ ]
- [ ]
- [ ]

06:00
07:00
08:00
09:00
10:00
11:00
12:00
13:00
14:00
15:00
16:00
17:00
18:00
19:00
20:00
21:00
22:00
23:00

PRIORITY MATRIX

	URGENT	NOT URGENT
IMPORTANT		
NOT IMPORTANT		

MEDITATION / MENTAL BREAK

◇ ◇ ◇ ◇ ◇ ◇ ◇ ◇

TODAY'S MOOD

😞 😐 😊 🙂 😄

NOTES

● TO START   ☑ OK   ⬆ DELAY   ☑ STUCK   ☒ CANCEL

BRAIN DUMP

GRATITUDE

HOME

WORK

PERSONAL

PROJECTS

OTHERS

NOTES:

HABIT TRACKER

HABIT	CHECKLIST
	1 2 3 4 5 / 6 7 8 9 10
	1 2 3 4 5 / 6 7 8 9 10
	1 2 3 4 5 / 6 7 8 9 10
	1 2 3 4 5 / 6 7 8 9 10
	1 2 3 4 5 / 6 7 8 9 10
	1 2 3 4 5 / 6 7 8 9 10
	1 2 3 4 5 / 6 7 8 9 10
	1 2 3 4 5 / 6 7 8 9 10
	1 2 3 4 5 / 6 7 8 9 10
	1 2 3 4 5 / 6 7 8 9 10
	1 2 3 4 5 / 6 7 8 9 10
	1 2 3 4 5 / 6 7 8 9 10
	1 2 3 4 5 / 6 7 8 9 10
	1 2 3 4 5 / 6 7 8 9 10
	1 2 3 4 5 / 6 7 8 9 10

PRODUCTIVITY PLANNER

DATE:

S M T W T F S

TODAY'S FOCUS

TODAY/WEEK'S GOALS

☐
☐
☐
☐
☐

PRIORITY MATRIX

	URGENT	NOT URGENT
IMPORTANT		
NOT IMPORTANT		

MEDITATION / MENTAL BREAK

TODAY'S MOOD

06:00
07:00
08:00
09:00
10:00
11:00
12:00
13:00
14:00
15:00
16:00
17:00
18:00
19:00
20:00
21:00
22:00
23:00

NOTES

● TO START   ✓ OK   → DELAY   ☒ STUCK   ✗ CANCEL

BRAIN DUMP

GRATITUDE

HOME

WORK

PERSONAL

PROJECTS   OTHERS

NOTES:

HABIT TRACKER

HABIT	CHECKLIST
	1 2 3 4 5 / 6 7 8 9 10
	1 2 3 4 5 / 6 7 8 9 10
	1 2 3 4 5 / 6 7 8 9 10
	1 2 3 4 5 / 6 7 8 9 10
	1 2 3 4 5 / 6 7 8 9 10
	1 2 3 4 5 / 6 7 8 9 10
	1 2 3 4 5 / 6 7 8 9 10
	1 2 3 4 5 / 6 7 8 9 10
	1 2 3 4 5 / 6 7 8 9 10
	1 2 3 4 5 / 6 7 8 9 10
	1 2 3 4 5 / 6 7 8 9 10
	1 2 3 4 5 / 6 7 8 9 10
	1 2 3 4 5 / 6 7 8 9 10
	1 2 3 4 5 / 6 7 8 9 10

PRODUCTIVITY PLANNER

S M T W T F S

DATE: _____

TODAY'S FOCUS

06:00 ☐ ⬤
07:00 ☐ ⬤
08:00 ☐ ⬤
09:00 ☐ ⬤
10:00 ☐ ⬤
11:00 ☐ ⬤
12:00 ☐ ⬤
13:00 ☐ ⬤
14:00 ☐ ⬤
15:00 ☐ ⬤
16:00 ☐ ⬤
17:00 ☐ ⬤
18:00 ☐ ⬤
19:00 ☐ ⬤
20:00 ☐ ⬤
21:00 ☐ ⬤
22:00 ☐ ⬤
23:00 ☐ ⬤

TODAY/WEEK'S GOALS

☐ ⬤
☐ ⬤
☐ ⬤
☐ ⬤
☐ ⬤

PRIORITY MATRIX

	URGENT	NOT URGENT
IMPORTANT		
NOT IMPORTANT		

MEDITATION / MENTAL BREAK

◇◇◇◇◇◇◇◇

TODAY'S MOOD

😣 😕 😐 🙂 😄

NOTES

_____

● TO START   ✓ OK   ↗ DELAY   ◩ STUCK   ✗ CANCEL

BRAIN DUMP

GRATITUDE

HOME

WORK

PERSONAL

PROJECTS   OTHERS

NOTES:

HABIT TRACKER

HABIT	CHECKLIST
	① ② ③ ④ ⑤ ⑥ ⑦ ⑧ ⑨ ⑩
	① ② ③ ④ ⑤ ⑥ ⑦ ⑧ ⑨ ⑩
	① ② ③ ④ ⑤ ⑥ ⑦ ⑧ ⑨ ⑩
	① ② ③ ④ ⑤ ⑥ ⑦ ⑧ ⑨ ⑩
	① ② ③ ④ ⑤ ⑥ ⑦ ⑧ ⑨ ⑩
	① ② ③ ④ ⑤ ⑥ ⑦ ⑧ ⑨ ⑩
	① ② ③ ④ ⑤ ⑥ ⑦ ⑧ ⑨ ⑩
	① ② ③ ④ ⑤ ⑥ ⑦ ⑧ ⑨ ⑩
	① ② ③ ④ ⑤ ⑥ ⑦ ⑧ ⑨ ⑩
	① ② ③ ④ ⑤ ⑥ ⑦ ⑧ ⑨ ⑩
	① ② ③ ④ ⑤ ⑥ ⑦ ⑧ ⑨ ⑩
	① ② ③ ④ ⑤ ⑥ ⑦ ⑧ ⑨ ⑩
	① ② ③ ④ ⑤ ⑥ ⑦ ⑧ ⑨ ⑩
	① ② ③ ④ ⑤ ⑥ ⑦ ⑧ ⑨ ⑩

PRODUCTIVITY PLANNER

S M T W T F S

DATE:

TODAY'S FOCUS

06:00
07:00
08:00
09:00
10:00
11:00
12:00
13:00
14:00
15:00
16:00
17:00
18:00
19:00
20:00
21:00
22:00
23:00

NOTES

● TO START   ✓ OK   ⇥ DELAY   ╱ STUCK   ✗ CANCEL

TODAY/WEEK'S GOALS

PRIORITY MATRIX

	URGENT	NOT URGENT
IMPORTANT		
NOT IMPORTANT		

MEDITATION / MENTAL BREAK

TODAY'S MOOD

BRAIN DUMP

GRATITUDE

HOME

WORK

PERSONAL

PROJECTS   OTHERS

NOTES:

HABIT TRACKER

HABIT	CHECKLIST
	1 2 3 4 5 / 6 7 8 9 10
	1 2 3 4 5 / 6 7 8 9 10
	1 2 3 4 5 / 6 7 8 9 10
	1 2 3 4 5 / 6 7 8 9 10
	1 2 3 4 5 / 6 7 8 9 10
	1 2 3 4 5 / 6 7 8 9 10
	1 2 3 4 5 / 6 7 8 9 10
	1 2 3 4 5 / 6 7 8 9 10
	1 2 3 4 5 / 6 7 8 9 10
	1 2 3 4 5 / 6 7 8 9 10
	1 2 3 4 5 / 6 7 8 9 10
	1 2 3 4 5 / 6 7 8 9 10
	1 2 3 4 5 / 6 7 8 9 10
	1 2 3 4 5 / 6 7 8 9 10
	1 2 3 4 5 / 6 7 8 9 10

PRODUCTIVITY PLANNER

DATE:

S M T W T F S

TODAY'S FOCUS

TODAY/WEEK'S GOALS

- ☐ 06:00
- ☐ 07:00
- ☐ 08:00
- ☐ 09:00
- ☐ 10:00
- ☐ 11:00
- ☐ 12:00
- ☐ 13:00
- ☐ 14:00
- ☐ 15:00
- ☐ 16:00
- ☐ 17:00
- ☐ 18:00
- ☐ 19:00
- ☐ 20:00
- ☐ 21:00
- ☐ 22:00
- ☐ 23:00

PRIORITY MATRIX

	URGENT	NOT URGENT
IMPORTANT		
NOT IMPORTANT		

MEDITATION / MENTAL BREAK

◇ ◇ ◇ ◇ ◇ ◇ ◇

TODAY'S MOOD

☹ 😕 😐 🙂 😃

NOTES

—— ● TO START ☑ OK ⤴ DELAY ◪ STUCK ☒ CANCEL

BRAIN DUMP

GRATITUDE

HOME

WORK

PERSONAL

PROJECTS   OTHERS

NOTES:

HABIT TRACKER

HABIT	CHECKLIST
	1 2 3 4 5 6 7 8 9 10
	1 2 3 4 5 6 7 8 9 10
	1 2 3 4 5 6 7 8 9 10
	1 2 3 4 5 6 7 8 9 10
	1 2 3 4 5 6 7 8 9 10
	1 2 3 4 5 6 7 8 9 10
	1 2 3 4 5 6 7 8 9 10
	1 2 3 4 5 6 7 8 9 10
	1 2 3 4 5 6 7 8 9 10
	1 2 3 4 5 6 7 8 9 10
	1 2 3 4 5 6 7 8 9 10
	1 2 3 4 5 6 7 8 9 10
	1 2 3 4 5 6 7 8 9 10
	1 2 3 4 5 6 7 8 9 10

PRODUCTIVITY PLANNER

DATE:

S M T W T F S

TODAY'S FOCUS

- [ ] 06:00
- [ ] 07:00
- [ ] 08:00
- [ ] 09:00
- [ ] 10:00
- [ ] 11:00
- [ ] 12:00
- [ ] 13:00
- [ ] 14:00
- [ ] 15:00
- [ ] 16:00
- [ ] 17:00
- [ ] 18:00
- [ ] 19:00
- [ ] 20:00
- [ ] 21:00
- [ ] 22:00
- [ ] 23:00

NOTES

● TO START ✓ OK → DELAY ↗ STUCK ✗ CANCEL

TODAY/WEEK'S GOALS

- [ ]
- [ ]
- [ ]
- [ ]
- [ ]

PRIORITY MATRIX

	URGENT	NOT URGENT
IMPORTANT		
NOT IMPORTANT		

MEDITATION / MENTAL BREAK

TODAY'S MOOD

☺ ☺ ☺ ☺ ☺

BRAIN DUMP

GRATITUDE

HOME

WORK

PERSONAL

PROJECTS   OTHERS

NOTES:

HABIT TRACKER

HABIT	CHECKLIST
	1 2 3 4 5 6 7 8 9 10
	1 2 3 4 5 6 7 8 9 10
	1 2 3 4 5 6 7 8 9 10
	1 2 3 4 5 6 7 8 9 10
	1 2 3 4 5 6 7 8 9 10
	1 2 3 4 5 6 7 8 9 10
	1 2 3 4 5 6 7 8 9 10
	1 2 3 4 5 6 7 8 9 10
	1 2 3 4 5 6 7 8 9 10
	1 2 3 4 5 6 7 8 9 10
	1 2 3 4 5 6 7 8 9 10
	1 2 3 4 5 6 7 8 9 10
	1 2 3 4 5 6 7 8 9 10
	1 2 3 4 5 6 7 8 9 10

PRODUCTIVITY PLANNER

S M T W T F S

DATE: _____

TODAY'S FOCUS

☐ ⬤ _____
☐ ⬤ _____
☐ ⬤ _____
☐ ⬤ _____
☐ ⬤ _____

TODAY/WEEK'S GOALS

☐ ⬤ 06:00 _____
☐ ⬤ 07:00 _____
☐ ⬤ 08:00 _____
☐ ⬤ 09:00 _____
☐ ⬤ 10:00 _____
☐ ⬤ 11:00 _____
☐ ⬤ 12:00 _____
☐ ⬤ 13:00 _____
☐ ⬤ 14:00 _____
☐ ⬤ 15:00 _____
☐ ⬤ 16:00 _____
☐ ⬤ 17:00 _____
☐ ⬤ 18:00 _____
☐ ⬤ 19:00 _____
☐ ⬤ 20:00 _____
☐ ⬤ 21:00 _____
☐ ⬤ 22:00 _____
☐ ⬤ 23:00 _____

PRIORITY MATRIX

	URGENT	NOT URGENT
IMPORTANT		
NOT IMPORTANT		

MEDITATION / MENTAL BREAK

◇ ◇ ◇ ◇ ◇ ◇ ◇ ◇

TODAY'S MOOD

☺ ☺ ☺ ☺ ☺

NOTES

_____
_____

⬤ TO START   ☑ OK   ⬆ DELAY   ⊠ STUCK   ⊠ CANCEL

BRAIN DUMP

GRATITUDE

HOME

WORK

PERSONAL

PROJECTS   OTHERS

NOTES:

HABIT TRACKER

HABIT	CHECKLIST
	1 2 3 4 5 / 6 7 8 9 10
	1 2 3 4 5 / 6 7 8 9 10
	1 2 3 4 5 / 6 7 8 9 10
	1 2 3 4 5 / 6 7 8 9 10
	1 2 3 4 5 / 6 7 8 9 10
	1 2 3 4 5 / 6 7 8 9 10
	1 2 3 4 5 / 6 7 8 9 10
	1 2 3 4 5 / 6 7 8 9 10
	1 2 3 4 5 / 6 7 8 9 10
	1 2 3 4 5 / 6 7 8 9 10
	1 2 3 4 5 / 6 7 8 9 10
	1 2 3 4 5 / 6 7 8 9 10
	1 2 3 4 5 / 6 7 8 9 10
	1 2 3 4 5 / 6 7 8 9 10
	1 2 3 4 5 / 6 7 8 9 10
	1 2 3 4 5 / 6 7 8 9 10

PRODUCTIVITY PLANNER

DATE:

S M T W T F S

TODAY'S FOCUS

TODAY/WEEK'S GOALS

06:00	
07:00	
08:00	
09:00	
10:00	
11:00	
12:00	
13:00	
14:00	
15:00	
16:00	
17:00	
18:00	
19:00	
20:00	
21:00	
22:00	
23:00	

PRIORITY MATRIX

	URGENT	NOT URGENT
IMPORTANT		
NOT IMPORTANT		

MEDITATION / MENTAL BREAK

TODAY'S MOOD

NOTES

● TO START   ☑ OK   ↗ DELAY   ∕ STUCK   ✕ CANCEL

BRAIN DUMP

GRATITUDE

HOME

WORK

PERSONAL

PROJECTS

OTHERS

NOTES:

HABIT TRACKER

HABIT	CHECKLIST
	1 2 3 4 5 / 6 7 8 9 10
	1 2 3 4 5 / 6 7 8 9 10
	1 2 3 4 5 / 6 7 8 9 10
	1 2 3 4 5 / 6 7 8 9 10
	1 2 3 4 5 / 6 7 8 9 10
	1 2 3 4 5 / 6 7 8 9 10
	1 2 3 4 5 / 6 7 8 9 10
	1 2 3 4 5 / 6 7 8 9 10
	1 2 3 4 5 / 6 7 8 9 10
	1 2 3 4 5 / 6 7 8 9 10
	1 2 3 4 5 / 6 7 8 9 10
	1 2 3 4 5 / 6 7 8 9 10
	1 2 3 4 5 / 6 7 8 9 10
	1 2 3 4 5 / 6 7 8 9 10
	1 2 3 4 5 / 6 7 8 9 10

PRODUCTIVITY PLANNER

DATE:

TODAY'S FOCUS   S M T W T F S

TODAY/WEEK'S GOALS

| 06:00 |
| 07:00 |
| 08:00 |
| 09:00 |
| 10:00 |
| 11:00 |

PRIORITY MATRIX

	URGENT	NOT URGENT
IMPORTANT		
NOT IMPORTANT		

| 12:00 |
| 13:00 |
| 14:00 |
| 15:00 |
| 16:00 |
| 17:00 |
| 18:00 |

MEDITATION / MENTAL BREAK

◇ ◇ ◇ ◇ ◇ ◇ ◇ ◇

| 19:00 |
| 20:00 |
| 21:00 |
| 22:00 |
| 23:00 |

TODAY'S MOOD

☹ 😕 😐 🙂 😃

NOTES

● TO START   ✓ OK   ↑ DELAY   ✗ STUCK   ✗ CANCEL

BRAIN DUMP

GRATITUDE

HOME

WORK

PERSONAL

PROJECTS   OTHERS

NOTES:

HABIT TRACKER

CHECKLIST

HABIT		
	1 2 3 4 5	6 7 8 9 10
	1 2 3 4 5	6 7 8 9 10
	1 2 3 4 5	6 7 8 9 10
	1 2 3 4 5	6 7 8 9 10
	1 2 3 4 5	6 7 8 9 10
	1 2 3 4 5	6 7 8 9 10
	1 2 3 4 5	6 7 8 9 10
	1 2 3 4 5	6 7 8 9 10
	1 2 3 4 5	6 7 8 9 10
	1 2 3 4 5	6 7 8 9 10
	1 2 3 4 5	6 7 8 9 10
	1 2 3 4 5	6 7 8 9 10
	1 2 3 4 5	6 7 8 9 10
	1 2 3 4 5	6 7 8 9 10
	1 2 3 4 5	6 7 8 9 10

PRODUCTIVITY PLANNER

DATE:

S M T W T F S

TODAY'S FOCUS

TODAY/WEEK'S GOALS

- ☐
- ☐
- ☐
- ☐
- ☐

06:00	
07:00	
08:00	
09:00	
10:00	
11:00	
12:00	
13:00	
14:00	
15:00	
16:00	
17:00	
18:00	
19:00	
20:00	
21:00	
22:00	
23:00	

PRIORITY MATRIX

	URGENT	NOT URGENT
IMPORTANT		
NOT IMPORTANT		

MEDITATION / MENTAL BREAK

TODAY'S MOOD

NOTES

● TO START   ✓ OK   → DELAY   ⁄ STUCK   ✗ CANCEL

BRAIN DUMP

GRATITUDE

HOME

WORK

PERSONAL

PROJECTS   OTHERS

NOTES:

HABIT TRACKER

HABIT	CHECKLIST				
	1	2	3	4	5
	6	7	8	9	10
	1	2	3	4	5
	6	7	8	9	10
	1	2	3	4	5
	6	7	8	9	10
	1	2	3	4	5
	6	7	8	9	10
	1	2	3	4	5
	6	7	8	9	10
	1	2	3	4	5
	6	7	8	9	10
	1	2	3	4	5
	6	7	8	9	10
	1	2	3	4	5
	6	7	8	9	10
	1	2	3	4	5
	6	7	8	9	10
	1	2	3	4	5
	6	7	8	9	10
	1	2	3	4	5
	6	7	8	9	10
	1	2	3	4	5
	6	7	8	9	10
	1	2	3	4	5
	6	7	8	9	10
	1	2	3	4	5
	6	7	8	9	10

PRODUCTIVITY PLANNER

S M T W T F S

DATE:

TODAY'S FOCUS

TODAY/WEEK'S GOALS

☐ ●
☐ ●
☐ ●
☐ ●
☐ ●

06:00
07:00
08:00
09:00
10:00
11:00
12:00
13:00
14:00
15:00
16:00
17:00
18:00
19:00
20:00
21:00
22:00
23:00

PRIORITY MATRIX

	URGENT	NOT URGENT
IMPORTANT		
NOT IMPORTANT		

MEDITATION / MENTAL BREAK

◊ ◊ ◊ ◊ ◊ ◊ ◊ ◊

TODAY'S MOOD

☹ ☹ ☺ ☺ ☺

NOTES

● TO START   ↑ DELAY   ☑ STUCK   ☑ OK   ☒ CANCEL

BRAIN DUMP

GRATITUDE

HOME

WORK

PERSONAL

PROJECTS   OTHERS

NOTES:

HABIT TRACKER

HABIT	CHECKLIST
	1 2 3 4 5 6 7 8 9 10
	1 2 3 4 5 6 7 8 9 10
	1 2 3 4 5 6 7 8 9 10
	1 2 3 4 5 6 7 8 9 10
	1 2 3 4 5 6 7 8 9 10
	1 2 3 4 5 6 7 8 9 10
	1 2 3 4 5 6 7 8 9 10
	1 2 3 4 5 6 7 8 9 10
	1 2 3 4 5 6 7 8 9 10
	1 2 3 4 5 6 7 8 9 10
	1 2 3 4 5 6 7 8 9 10
	1 2 3 4 5 6 7 8 9 10
	1 2 3 4 5 6 7 8 9 10

PRODUCTIVITY PLANNER

HABIT TRACKER

HABIT	CHECKLIST				
	1	2	3	4	5
	6	7	8	9	10
	1	2	3	4	5
	6	7	8	9	10
	1	2	3	4	5
	6	7	8	9	10
	1	2	3	4	5
	6	7	8	9	10
	1	2	3	4	5
	6	7	8	9	10
	1	2	3	4	5
	6	7	8	9	10
	1	2	3	4	5
	6	7	8	9	10
	1	2	3	4	5
	6	7	8	9	10
	1	2	3	4	5
	6	7	8	9	10
	1	2	3	4	5
	6	7	8	9	10
	1	2	3	4	5
	6	7	8	9	10
	1	2	3	4	5
	6	7	8	9	10
	1	2	3	4	5
	6	7	8	9	10

BRAIN DUMP

GRATITUDE

HOME

WORK

PERSONAL

PROJECTS

OTHERS

NOTES:

DATE:

TODAY'S FOCUS

S M T W T F S

TODAY / WEEK'S GOALS

PRIORITY MATRIX

	URGENT	NOT URGENT
IMPORTANT		
NOT IMPORTANT		

MEDITATION / MENTAL BREAK

TODAY'S MOOD

06:00
07:00
08:00
09:00
10:00
11:00
12:00
13:00
14:00
15:00
16:00
17:00
18:00
19:00
20:00
21:00
22:00
23:00

NOTES

● TO START   ✓ OK   ↗ DELAY   ✗ STUCK   ✗ CANCEL

PRODUCTIVITY PLANNER

DATE: _____

S M T W T F S

TODAY'S FOCUS / WEEK'S GOALS

☐ ◉
☐ ◉
☐ ◉
☐ ◉
☐ ◉

PRIORITY MATRIX

	URGENT	NOT URGENT
IMPORTANT		
NOT IMPORTANT		

06:00
07:00
08:00
09:00
10:00
11:00
12:00
13:00
14:00
15:00
16:00
17:00
18:00
19:00
20:00
21:00
22:00
23:00

MEDITATION / MENTAL BREAK

◇ ◇ ◇ ◇ ◇ ◇ ◇ ◇

TODAY'S MOOD

☹ 😐 🙂 😊

NOTES

● TO START ☑ OK ⬆ DELAY ☒ STUCK ☒ CANCEL

BRAIN DUMP

GRATITUDE

HOME

WORK

PERSONAL

PROJECTS   OTHERS

NOTES:

HABIT TRACKER

HABIT	CHECKLIST
	1 2 3 4 5 6 7 8 9 10
	1 2 3 4 5 6 7 8 9 10
	1 2 3 4 5 6 7 8 9 10
	1 2 3 4 5 6 7 8 9 10
	1 2 3 4 5 6 7 8 9 10
	1 2 3 4 5 6 7 8 9 10
	1 2 3 4 5 6 7 8 9 10
	1 2 3 4 5 6 7 8 9 10
	1 2 3 4 5 6 7 8 9 10
	1 2 3 4 5 6 7 8 9 10
	1 2 3 4 5 6 7 8 9 10
	1 2 3 4 5 6 7 8 9 10
	1 2 3 4 5 6 7 8 9 10
	1 2 3 4 5 6 7 8 9 10
	1 2 3 4 5 6 7 8 9 10

PRODUCTIVITY PLANNER

S M T W T F S

DATE:

TODAY'S FOCUS

TODAY/WEEK'S GOALS

- ☐
- ☐
- ☐
- ☐
- ☐

06:00
07:00
08:00
09:00
10:00
11:00
12:00
13:00
14:00
15:00
16:00
17:00
18:00
19:00
20:00
21:00
22:00
23:00

PRIORITY MATRIX

	URGENT	NOT URGENT
IMPORTANT		
NOT IMPORTANT		

MEDITATION / MENTAL BREAK

TODAY'S MOOD

NOTES

●TO START ✓OK ↗DELAY ✗STUCK ✗CANCEL

BRAIN DUMP

GRATITUDE

HOME

WORK

PERSONAL

PROJECTS   OTHERS

NOTES:

HABIT TRACKER

HABIT	CHECKLIST				
	1	2	3	4	5
	6	7	8	9	10
	1	2	3	4	5
	6	7	8	9	10
	1	2	3	4	5
	6	7	8	9	10
	1	2	3	4	5
	6	7	8	9	10
	1	2	3	4	5
	6	7	8	9	10
	1	2	3	4	5
	6	7	8	9	10
	1	2	3	4	5
	6	7	8	9	10
	1	2	3	4	5
	6	7	8	9	10
	1	2	3	4	5
	6	7	8	9	10
	1	2	3	4	5
	6	7	8	9	10
	1	2	3	4	5
	6	7	8	9	10
	1	2	3	4	5
	6	7	8	9	10

PRODUCTIVITY PLANNER

S M T W T F S

DATE: _____

TODAY'S FOCUS

☐ ○ 06:00 _____
☐ ○ 07:00 _____
☐ ○ 08:00 _____
☐ ○ 09:00 _____
☐ ○ 10:00 _____
☐ ○ 11:00 _____
☐ ○ 12:00 _____
☐ ○ 13:00 _____
☐ ○ 14:00 _____
☐ ○ 15:00 _____
☐ ○ 16:00 _____
☐ ○ 17:00 _____
☐ ○ 18:00 _____
☐ ○ 19:00 _____
☐ ○ 20:00 _____
☐ ○ 21:00 _____
☐ ○ 22:00 _____
☐ ○ 23:00 _____

NOTES
_____
_____

● TO START   ✓ OK   ⬆ DELAY   ✗ STUCK   ✗ CANCEL

TODAY/WEEK'S GOALS

☐ ● _____
☐ ● _____
☐ ● _____
☐ ● _____
☐ ● _____

PRIORITY MATRIX

	URGENT	NOT URGENT
IMPORTANT		
NOT IMPORTANT		

MEDITATION / MENTAL BREAK

◇ ◇ ◇ ◇ ◇ ◇ ◇ ◇ ◇ ◇

TODAY'S MOOD

😟 😕 😐 🙂 😄

BRAIN DUMP

GRATITUDE
_____

HOME
_____

WORK
_____

PERSONAL
_____

PROJECTS   OTHERS

NOTES:
_____

HABIT TRACKER

HABIT	CHECKLIST
	① ② ③ ④ ⑤ ⑥ ⑦ ⑧ ⑨ ⑩
	① ② ③ ④ ⑤ ⑥ ⑦ ⑧ ⑨ ⑩
	① ② ③ ④ ⑤ ⑥ ⑦ ⑧ ⑨ ⑩
	① ② ③ ④ ⑤ ⑥ ⑦ ⑧ ⑨ ⑩
	① ② ③ ④ ⑤ ⑥ ⑦ ⑧ ⑨ ⑩
	① ② ③ ④ ⑤ ⑥ ⑦ ⑧ ⑨ ⑩
	① ② ③ ④ ⑤ ⑥ ⑦ ⑧ ⑨ ⑩
	① ② ③ ④ ⑤ ⑥ ⑦ ⑧ ⑨ ⑩
	① ② ③ ④ ⑤ ⑥ ⑦ ⑧ ⑨ ⑩
	① ② ③ ④ ⑤ ⑥ ⑦ ⑧ ⑨ ⑩
	① ② ③ ④ ⑤ ⑥ ⑦ ⑧ ⑨ ⑩
	① ② ③ ④ ⑤ ⑥ ⑦ ⑧ ⑨ ⑩
	① ② ③ ④ ⑤ ⑥ ⑦ ⑧ ⑨ ⑩

PRODUCTIVITY PLANNER

DATE:

S M T W T F S

TODAY'S FOCUS

06:00	
07:00	
08:00	
09:00	
10:00	
11:00	
12:00	
13:00	
14:00	
15:00	
16:00	
17:00	
18:00	
19:00	
20:00	
21:00	
22:00	
23:00	

TODAY'S/WEEK'S GOALS

☐
☐
☐
☐
☐

PRIORITY MATRIX

	URGENT	NOT URGENT
IMPORTANT		
NOT IMPORTANT		

MEDITATION / MENTAL BREAK

TODAY'S MOOD

NOTES

● TO START   ☑ OK   ⇥ DELAY   ⟋ STUCK   ✕ CANCEL

BRAIN DUMP

GRATITUDE

HOME

WORK

PERSONAL

PROJECTS

OTHERS

NOTES:

HABIT TRACKER

HABIT	CHECKLIST
	1 2 3 4 5 / 6 7 8 9 10
	1 2 3 4 5 / 6 7 8 9 10
	1 2 3 4 5 / 6 7 8 9 10
	1 2 3 4 5 / 6 7 8 9 10
	1 2 3 4 5 / 6 7 8 9 10
	1 2 3 4 5 / 6 7 8 9 10
	1 2 3 4 5 / 6 7 8 9 10
	1 2 3 4 5 / 6 7 8 9 10
	1 2 3 4 5 / 6 7 8 9 10
	1 2 3 4 5 / 6 7 8 9 10
	1 2 3 4 5 / 6 7 8 9 10
	1 2 3 4 5 / 6 7 8 9 10
	1 2 3 4 5 / 6 7 8 9 10
	1 2 3 4 5 / 6 7 8 9 10

PRODUCTIVITY PLANNER

DATE:

TODAY/WEEK'S GOALS
S M T W T F S

TODAY'S FOCUS

06:00
07:00
08:00
09:00
10:00
11:00
12:00
13:00
14:00
15:00
16:00
17:00
18:00
19:00
20:00
21:00
22:00
23:00

NOTES

PRIORITY MATRIX

	URGENT	NOT URGENT
IMPORTANT		
NOT IMPORTANT		

MEDITATION / MENTAL BREAK

TODAY'S MOOD

● TO START   ☑ OK   ☑ DELAY   ☑ STUCK   ☒ CANCEL

BRAIN DUMP

GRATITUDE

HOME

WORK

PERSONAL

PROJECTS   OTHERS

NOTES:

HABIT TRACKER

HABIT	CHECKLIST
	1 2 3 4 5 6 7 8 9 10
	1 2 3 4 5 6 7 8 9 10
	1 2 3 4 5 6 7 8 9 10
	1 2 3 4 5 6 7 8 9 10
	1 2 3 4 5 6 7 8 9 10
	1 2 3 4 5 6 7 8 9 10
	1 2 3 4 5 6 7 8 9 10
	1 2 3 4 5 6 7 8 9 10
	1 2 3 4 5 6 7 8 9 10
	1 2 3 4 5 6 7 8 9 10
	1 2 3 4 5 6 7 8 9 10
	1 2 3 4 5 6 7 8 9 10
	1 2 3 4 5 6 7 8 9 10
	1 2 3 4 5 6 7 8 9 10

PRODUCTIVITY PLANNER

DATE:

TODAY'S FOCUS

S   M   T   W   T   F   S

TODAY/WEEK'S GOALS

- ☐
- ☐
- ☐
- ☐
- ☐

06:00
07:00
08:00
09:00
10:00
11:00
12:00
13:00
14:00
15:00
16:00
17:00
18:00
19:00
20:00
21:00
22:00
23:00

NOTES

PRIORITY MATRIX

	URGENT	NOT URGENT
IMPORTANT		
NOT IMPORTANT		

MEDITATION / MENTAL BREAK

TODAY'S MOOD

● TO START   ✓ OK   → DELAY   ✗ STUCK   ✗ CANCEL

BRAIN DUMP

GRATITUDE

HOME

WORK

PERSONAL

PROJECTS   OTHERS

NOTES:

HABIT TRACKER

HABIT	CHECKLIST
	1 2 3 4 5 / 6 7 8 9 10
	1 2 3 4 5 / 6 7 8 9 10
	1 2 3 4 5 / 6 7 8 9 10
	1 2 3 4 5 / 6 7 8 9 10
	1 2 3 4 5 / 6 7 8 9 10
	1 2 3 4 5 / 6 7 8 9 10
	1 2 3 4 5 / 6 7 8 9 10
	1 2 3 4 5 / 6 7 8 9 10
	1 2 3 4 5 / 6 7 8 9 10
	1 2 3 4 5 / 6 7 8 9 10
	1 2 3 4 5 / 6 7 8 9 10
	1 2 3 4 5 / 6 7 8 9 10
	1 2 3 4 5 / 6 7 8 9 10
	1 2 3 4 5 / 6 7 8 9 10

PRODUCTIVITY PLANNER

S M T W T F S

DATE: _____

TODAY'S FOCUS

☐ 06:00
☐ 07:00
☐ 08:00
☐ 09:00
☐ 10:00
☐ 11:00
☐ 12:00
☐ 13:00
☐ 14:00
☐ 15:00
☐ 16:00
☐ 17:00
☐ 18:00
☐ 19:00
☐ 20:00
☐ 21:00
☐ 22:00
☐ 23:00

NOTES

TODAY/WEEK'S GOALS

☐
☐
☐
☐
☐

PRIORITY MATRIX

	URGENT	NOT URGENT
IMPORTANT		
NOT IMPORTANT		

MEDITATION / MENTAL BREAK

○ ○ ○ ○ ○ ○ ○

TODAY'S MOOD

☹ 😐 😐 🙂 😀

● TO START   ☑ OK   ☑ DELAY   ☑ STUCK   ☒ CANCEL

BRAIN DUMP

GRATITUDE

HOME

WORK

PERSONAL

PROJECTS

OTHERS

NOTES:

HABIT TRACKER

HABIT | CHECKLIST

HABIT	1	2	3	4	5 / 6	7	8	9	10
	①	②	③	④	⑤ ⑥	⑦	⑧	⑨	⑩
	①	②	③	④	⑤ ⑥	⑦	⑧	⑨	⑩
	①	②	③	④	⑤ ⑥	⑦	⑧	⑨	⑩
	①	②	③	④	⑤ ⑥	⑦	⑧	⑨	⑩
	①	②	③	④	⑤ ⑥	⑦	⑧	⑨	⑩
	①	②	③	④	⑤ ⑥	⑦	⑧	⑨	⑩
	①	②	③	④	⑤ ⑥	⑦	⑧	⑨	⑩
	①	②	③	④	⑤ ⑥	⑦	⑧	⑨	⑩
	①	②	③	④	⑤ ⑥	⑦	⑧	⑨	⑩
	①	②	③	④	⑤ ⑥	⑦	⑧	⑨	⑩
	①	②	③	④	⑤ ⑥	⑦	⑧	⑨	⑩
	①	②	③	④	⑤ ⑥	⑦	⑧	⑨	⑩
	①	②	③	④	⑤ ⑥	⑦	⑧	⑨	⑩
	①	②	③	④	⑤ ⑥	⑦	⑧	⑨	⑩

PRODUCTIVITY PLANNER

DATE:

TODAY'S FOCUS

S M T W T F S

TODAY/WEEK'S GOALS

- ☐
- ☐
- ☐
- ☐
- ☐

06:00
07:00
08:00
09:00
10:00
11:00
12:00
13:00
14:00
15:00
16:00
17:00
18:00
19:00
20:00
21:00
22:00
23:00

PRIORITY MATRIX

	URGENT	NOT URGENT
IMPORTANT		
NOT IMPORTANT		

MEDITATION / MENTAL BREAK

TODAY'S MOOD

NOTES

● TO START ☑ OK ↗ DELAY ⟋ STUCK ✕ CANCEL

BRAIN DUMP

GRATITUDE

HOME

WORK

PERSONAL

PROJECTS

OTHERS

NOTES:

HABIT TRACKER

HABIT	CHECKLIST				
	1 2 3 4 5	6 7 8 9 10			
	1 2 3 4 5	6 7 8 9 10			
	1 2 3 4 5	6 7 8 9 10			
	1 2 3 4 5	6 7 8 9 10			
	1 2 3 4 5	6 7 8 9 10			
	1 2 3 4 5	6 7 8 9 10			
	1 2 3 4 5	6 7 8 9 10			
	1 2 3 4 5	6 7 8 9 10			
	1 2 3 4 5	6 7 8 9 10			
	1 2 3 4 5	6 7 8 9 10			
	1 2 3 4 5	6 7 8 9 10			
	1 2 3 4 5	6 7 8 9 10			
	1 2 3 4 5	6 7 8 9 10			
	1 2 3 4 5	6 7 8 9 10			
	1 2 3 4 5	6 7 8 9 10			

PRODUCTIVITY PLANNER

S M T W T F S

DATE:

TODAY'S FOCUS

TODAY/WEEK'S GOALS

☐
☐
☐
☐
☐

06:00
07:00
08:00
09:00
10:00
11:00
12:00
13:00
14:00
15:00
16:00
17:00
18:00
19:00
20:00
21:00
22:00
23:00

PRIORITY MATRIX

	URGENT	NOT URGENT
IMPORTANT		
NOT IMPORTANT		

MEDITATION / MENTAL BREAK

◊ ◊ ◊ ◊ ◊ ◊ ◊ ◊

TODAY'S MOOD

NOTES

☑ OK   ↗ DELAY   ☒ STUCK   ☒ CANCEL   ● TO START

BRAIN DUMP

GRATITUDE

HOME

WORK

PERSONAL

PROJECTS   OTHERS

NOTES:

HABIT TRACKER

CHECKLIST

HABIT		

PRODUCTIVITY PLANNER

DATE:

S   M   T   W   T   F   S

TODAY'S FOCUS

TODAY/WEEK'S GOALS

- 06:00
- 07:00
- 08:00
- 09:00
- 10:00
- 11:00
- 12:00
- 13:00
- 14:00
- 15:00
- 16:00
- 17:00
- 18:00
- 19:00
- 20:00
- 21:00
- 22:00
- 23:00

PRIORITY MATRIX

	URGENT	NOT URGENT
IMPORTANT		
NOT IMPORTANT		

MEDITATION / MENTAL BREAK

TODAY'S MOOD

NOTES

○ TO START   ✓ OK   → DELAY   ⊠ STUCK   ✗ CANCEL

BRAIN DUMP

GRATITUDE

HOME

WORK

PERSONAL

PROJECTS   OTHERS

NOTES:

HABIT TRACKER

HABIT	CHECKLIST
	1 2 3 4 5 6 7 8 9 10
	1 2 3 4 5 6 7 8 9 10
	1 2 3 4 5 6 7 8 9 10
	1 2 3 4 5 6 7 8 9 10
	1 2 3 4 5 6 7 8 9 10
	1 2 3 4 5 6 7 8 9 10
	1 2 3 4 5 6 7 8 9 10
	1 2 3 4 5 6 7 8 9 10
	1 2 3 4 5 6 7 8 9 10
	1 2 3 4 5 6 7 8 9 10
	1 2 3 4 5 6 7 8 9 10
	1 2 3 4 5 6 7 8 9 10
	1 2 3 4 5 6 7 8 9 10
	1 2 3 4 5 6 7 8 9 10

PRODUCTIVITY PLANNER

DATE: _____

S M T W T F S

TODAY'S FOCUS

- 06:00
- 07:00
- 08:00
- 09:00
- 10:00
- 11:00
- 12:00
- 13:00
- 14:00
- 15:00
- 16:00
- 17:00
- 18:00
- 19:00
- 20:00
- 21:00
- 22:00
- 23:00

TODAY/WEEK'S GOALS

PRIORITY MATRIX

	URGENT	NOT URGENT
IMPORTANT		
NOT IMPORTANT		

MEDITATION / MENTAL BREAK

TODAY'S MOOD

NOTES

● TO START   ✓ OK   ↗ DELAY   ▢ STUCK   ✗ CANCEL

BRAIN DUMP

GRATITUDE

HOME

WORK

PERSONAL

PROJECTS   OTHERS

NOTES:

HABIT TRACKER

CHECKLIST

HABIT	CHECKLIST
	1 2 3 4 5 / 6 7 8 9 10
	1 2 3 4 5 / 6 7 8 9 10
	1 2 3 4 5 / 6 7 8 9 10
	1 2 3 4 5 / 6 7 8 9 10
	1 2 3 4 5 / 6 7 8 9 10
	1 2 3 4 5 / 6 7 8 9 10
	1 2 3 4 5 / 6 7 8 9 10
	1 2 3 4 5 / 6 7 8 9 10
	1 2 3 4 5 / 6 7 8 9 10
	1 2 3 4 5 / 6 7 8 9 10
	1 2 3 4 5 / 6 7 8 9 10
	1 2 3 4 5 / 6 7 8 9 10
	1 2 3 4 5 / 6 7 8 9 10
	1 2 3 4 5 / 6 7 8 9 10

PRODUCTIVITY PLANNER

DATE:

S M T W T F S

TODAY'S FOCUS

TODAY/WEEK'S GOALS

- ☐
- ☐
- ☐
- ☐
- ☐

06:00
07:00
08:00
09:00
10:00
11:00
12:00
13:00
14:00
15:00
16:00
17:00
18:00
19:00
20:00
21:00
22:00
23:00

PRIORITY MATRIX

	URGENT	NOT URGENT
IMPORTANT		
NOT IMPORTANT		

MEDITATION / MENTAL BREAK

TODAY'S MOOD

☺ ☺ ☺ ☺ ☺

NOTES

☑ OK   → DELAY   ☒ STUCK   ✗ CANCEL

● TO START

BRAIN DUMP

GRATITUDE

HOME

WORK

PERSONAL

PROJECTS

OTHERS

NOTES:

HABIT TRACKER

HABIT	CHECKLIST
	1 2 3 4 5 / 6 7 8 9 10
	1 2 3 4 5 / 6 7 8 9 10
	1 2 3 4 5 / 6 7 8 9 10
	1 2 3 4 5 / 6 7 8 9 10
	1 2 3 4 5 / 6 7 8 9 10
	1 2 3 4 5 / 6 7 8 9 10
	1 2 3 4 5 / 6 7 8 9 10
	1 2 3 4 5 / 6 7 8 9 10
	1 2 3 4 5 / 6 7 8 9 10
	1 2 3 4 5 / 6 7 8 9 10
	1 2 3 4 5 / 6 7 8 9 10
	1 2 3 4 5 / 6 7 8 9 10
	1 2 3 4 5 / 6 7 8 9 10
	1 2 3 4 5 / 6 7 8 9 10

PRODUCTIVITY PLANNER

DATE:

S M T W T F S

TODAY'S FOCUS

TODAY/WEEK'S GOALS

☐
☐
☐
☐
☐

PRIORITY MATRIX

URGENT	NOT URGENT
IMPORTANT	NOT IMPORTANT

MEDITATION / MENTAL BREAK

◇ ◇ ◇ ◇ ◇ ◇ ◇ ◇

TODAY'S MOOD

😟 😐 😕 🙂 😃

- 06:00
- 07:00
- 08:00
- 09:00
- 10:00
- 11:00
- 12:00
- 13:00
- 14:00
- 15:00
- 16:00
- 17:00
- 18:00
- 19:00
- 20:00
- 21:00
- 22:00
- 23:00

NOTES

● TO START   ✓ OK   ↗ DELAY   ✗ STUCK   ✗ CANCEL

BRAIN DUMP

GRATITUDE

HOME

WORK

PERSONAL

PROJECTS

OTHERS

NOTES:

HABIT TRACKER

HABIT	CHECKLIST

HABIT									
	1	2	3	4	5	6	7	8	9	10
	1	2	3	4	5	6	7	8	9	10
	1	2	3	4	5	6	7	8	9	10
	1	2	3	4	5	6	7	8	9	10
	1	2	3	4	5	6	7	8	9	10
	1	2	3	4	5	6	7	8	9	10
	1	2	3	4	5	6	7	8	9	10
	1	2	3	4	5	6	7	8	9	10
	1	2	3	4	5	6	7	8	9	10
	1	2	3	4	5	6	7	8	9	10
	1	2	3	4	5	6	7	8	9	10
	1	2	3	4	5	6	7	8	9	10
	1	2	3	4	5	6	7	8	9	10
	1	2	3	4	5	6	7	8	9	10
	1	2	3	4	5	6	7	8	9	10
	1	2	3	4	5	6	7	8	9	10

PRODUCTIVITY PLANNER

S M T W T F S

DATE:

TODAY'S FOCUS

TODAY/WEEK'S GOALS

- [ ]
- [ ]
- [ ]
- [ ]
- [ ]

PRIORITY MATRIX

	URGENT	NOT URGENT
IMPORTANT		
NOT IMPORTANT		

MEDITATION / MENTAL BREAK

TODAY'S MOOD

06:00
07:00
08:00
09:00
10:00
11:00
12:00
13:00
14:00
15:00
16:00
17:00
18:00
19:00
20:00
21:00
22:00
23:00

NOTES

● TO START   ✓ OK   → DELAY   ╱ STUCK   ✗ CANCEL

BRAIN DUMP

GRATITUDE

HOME

WORK

PERSONAL

PROJECTS   OTHERS

NOTES:

HABIT TRACKER

HABIT	CHECKLIST
	1 2 3 4 5 / 6 7 8 9 10
	1 2 3 4 5 / 6 7 8 9 10
	1 2 3 4 5 / 6 7 8 9 10
	1 2 3 4 5 / 6 7 8 9 10
	1 2 3 4 5 / 6 7 8 9 10
	1 2 3 4 5 / 6 7 8 9 10
	1 2 3 4 5 / 6 7 8 9 10
	1 2 3 4 5 / 6 7 8 9 10
	1 2 3 4 5 / 6 7 8 9 10
	1 2 3 4 5 / 6 7 8 9 10
	1 2 3 4 5 / 6 7 8 9 10
	1 2 3 4 5 / 6 7 8 9 10
	1 2 3 4 5 / 6 7 8 9 10
	1 2 3 4 5 / 6 7 8 9 10

PRODUCTIVITY PLANNER

DATE: _____

S M T W T F S

TODAY'S FOCUS

TODAY/WEEK'S GOALS

- [ ]
- [ ]
- [ ]
- [ ]
- [ ]

06:00
07:00
08:00
09:00
10:00
11:00
12:00
13:00
14:00
15:00
16:00
17:00
18:00
19:00
20:00
21:00
22:00
23:00

PRIORITY MATRIX

	URGENT	NOT URGENT
IMPORTANT		
NOT IMPORTANT		

MEDITATION / MENTAL BREAK

◇ ◇ ◇ ◇ ◇ ◇ ◇

TODAY'S MOOD

☺ ☺ ☺ ☺ ☺

NOTES
_____
_____

✓ OK   ↗ DELAY   ✗ STUCK   ✗ CANCEL   ● TO START

BRAIN DUMP

GRATITUDE

HOME

WORK

PERSONAL

PROJECTS   OTHERS

NOTES:

HABIT TRACKER

CHECKLIST

HABIT	CHECKLIST
	1 2 3 4 5 / 6 7 8 9 10
	1 2 3 4 5 / 6 7 8 9 10
	1 2 3 4 5 / 6 7 8 9 10
	1 2 3 4 5 / 6 7 8 9 10
	1 2 3 4 5 / 6 7 8 9 10
	1 2 3 4 5 / 6 7 8 9 10
	1 2 3 4 5 / 6 7 8 9 10
	1 2 3 4 5 / 6 7 8 9 10
	1 2 3 4 5 / 6 7 8 9 10
	1 2 3 4 5 / 6 7 8 9 10
	1 2 3 4 5 / 6 7 8 9 10
	1 2 3 4 5 / 6 7 8 9 10
	1 2 3 4 5 / 6 7 8 9 10
	1 2 3 4 5 / 6 7 8 9 10
	1 2 3 4 5 / 6 7 8 9 10

PRODUCTIVITY PLANNER

DATE:

S M T W T F S

TODAY'S FOCUS

TODAY/WEEK'S GOALS

06:00
07:00
08:00
09:00
10:00
11:00
12:00
13:00
14:00
15:00
16:00
17:00
18:00
19:00
20:00
21:00
22:00
23:00

PRIORITY MATRIX

	URGENT	NOT URGENT
IMPORTANT		
NOT IMPORTANT		

MEDITATION / MENTAL BREAK

TODAY'S MOOD

NOTES

TO START   OK   DELAY   STUCK   CANCEL

BRAIN DUMP

GRATITUDE

HOME

WORK

PERSONAL

PROJECTS   OTHERS

NOTES:

HABIT TRACKER

HABIT	CHECKLIST
	1 2 3 4 5 / 6 7 8 9 10
	1 2 3 4 5 / 6 7 8 9 10
	1 2 3 4 5 / 6 7 8 9 10
	1 2 3 4 5 / 6 7 8 9 10
	1 2 3 4 5 / 6 7 8 9 10
	1 2 3 4 5 / 6 7 8 9 10
	1 2 3 4 5 / 6 7 8 9 10
	1 2 3 4 5 / 6 7 8 9 10
	1 2 3 4 5 / 6 7 8 9 10
	1 2 3 4 5 / 6 7 8 9 10
	1 2 3 4 5 / 6 7 8 9 10
	1 2 3 4 5 / 6 7 8 9 10
	1 2 3 4 5 / 6 7 8 9 10
	1 2 3 4 5 / 6 7 8 9 10
	1 2 3 4 5 / 6 7 8 9 10

PRODUCTIVITY PLANNER

DATE:

S M T W T F S

TODAY'S FOCUS

TODAY/WEEK'S GOALS

☐ ───────────
☐ ───────────
☐ ───────────
☐ ───────────
☐ ───────────

| 06:00 |
| 07:00 |
| 08:00 |
| 09:00 |
| 10:00 |
| 11:00 |
| 12:00 |
| 13:00 |
| 14:00 |
| 15:00 |
| 16:00 |
| 17:00 |
| 18:00 |
| 19:00 |
| 20:00 |
| 21:00 |
| 22:00 |
| 23:00 |

PRIORITY MATRIX

	URGENT	NOT URGENT
IMPORTANT		
NOT IMPORTANT		

MEDITATION / MENTAL BREAK

◇ ◇ ◇ ◇ ◇ ◇ ◇ ◇ ◇ ◇

TODAY'S MOOD

☹ 😞 😐 🙂 😀

NOTES

● TO START   ☑ OK   ⤴ DELAY   ◹ STUCK   ✗ CANCEL

BRAIN DUMP

GRATITUDE

HOME

WORK

PERSONAL

PROJECTS   OTHERS

NOTES:

HABIT TRACKER

HABIT	CHECKLIST
	1 2 3 4 5 / 6 7 8 9 10
	1 2 3 4 5 / 6 7 8 9 10
	1 2 3 4 5 / 6 7 8 9 10
	1 2 3 4 5 / 6 7 8 9 10
	1 2 3 4 5 / 6 7 8 9 10
	1 2 3 4 5 / 6 7 8 9 10
	1 2 3 4 5 / 6 7 8 9 10
	1 2 3 4 5 / 6 7 8 9 10
	1 2 3 4 5 / 6 7 8 9 10
	1 2 3 4 5 / 6 7 8 9 10
	1 2 3 4 5 / 6 7 8 9 10
	1 2 3 4 5 / 6 7 8 9 10
	1 2 3 4 5 / 6 7 8 9 10
	1 2 3 4 5 / 6 7 8 9 10
	1 2 3 4 5 / 6 7 8 9 10

PRODUCTIVITY PLANNER

DATE:

S M T W T F S

TODAY'S FOCUS

TODAY/WEEK'S GOALS

☐
☐
☐
☐
☐

PRIORITY MATRIX

	URGENT	NOT URGENT
IMPORTANT		
NOT IMPORTANT		

MEDITATION / MENTAL BREAK

TODAY'S MOOD

06:00
07:00
08:00
09:00
10:00
11:00
12:00
13:00
14:00
15:00
16:00
17:00
18:00
19:00
20:00
21:00
22:00
23:00

NOTES

● TO START   ✓ OK   ⇥ DELAY   ⟋ STUCK   ✗ CANCEL

BRAIN DUMP

GRATITUDE

HOME

WORK

PERSONAL

PROJECTS   OTHERS

NOTES:

HABIT TRACKER

HABIT	CHECKLIST				
	1	2	3	4	5
	6	7	8	9	10
	1	2	3	4	5
	6	7	8	9	10
	1	2	3	4	5
	6	7	8	9	10
	1	2	3	4	5
	6	7	8	9	10
	1	2	3	4	5
	6	7	8	9	10
	1	2	3	4	5
	6	7	8	9	10
	1	2	3	4	5
	6	7	8	9	10
	1	2	3	4	5
	6	7	8	9	10
	1	2	3	4	5
	6	7	8	9	10
	1	2	3	4	5
	6	7	8	9	10
	1	2	3	4	5
	6	7	8	9	10
	1	2	3	4	5
	6	7	8	9	10
	1	2	3	4	5
	6	7	8	9	10
	1	2	3	4	5
	6	7	8	9	10

PRODUCTIVITY PLANNER

S M T W T F S

DATE:

TODAY'S FOCUS

TODAY/WEEK'S GOALS

☐
☐
☐
☐
☐

PRIORITY MATRIX

	URGENT	NOT URGENT
IMPORTANT		
NOT IMPORTANT		

06:00
07:00
08:00
09:00
10:00
11:00
12:00
13:00
14:00
15:00
16:00
17:00
18:00
19:00
20:00
21:00
22:00
23:00

MEDITATION / MENTAL BREAK

TODAY'S MOOD

NOTES

● TO START   ↑ DELAY   ☒ STUCK   ☒ CANCEL   ✓ OK

BRAIN DUMP

GRATITUDE

HOME

WORK

PERSONAL

PROJECTS   OTHERS

NOTES:

HABIT TRACKER

CHECKLIST

HABIT										
	1	2	3	4	5	6	7	8	9	10
	1	2	3	4	5	6	7	8	9	10
	1	2	3	4	5	6	7	8	9	10
	1	2	3	4	5	6	7	8	9	10
	1	2	3	4	5	6	7	8	9	10
	1	2	3	4	5	6	7	8	9	10
	1	2	3	4	5	6	7	8	9	10
	1	2	3	4	5	6	7	8	9	10
	1	2	3	4	5	6	7	8	9	10
	1	2	3	4	5	6	7	8	9	10
	1	2	3	4	5	6	7	8	9	10
	1	2	3	4	5	6	7	8	9	10
	1	2	3	4	5	6	7	8	9	10

PRODUCTIVITY PLANNER

DATE:

TODAY'S FOCUS

S M T W T F S

TODAY/WEEK'S GOALS

☐
☐
☐
☐
☐

06:00
07:00
08:00
09:00
10:00
11:00
12:00
13:00
14:00
15:00
16:00
17:00
18:00
19:00
20:00
21:00
22:00
23:00

PRIORITY MATRIX

	URGENT	NOT URGENT
IMPORTANT		
NOT IMPORTANT		

MEDITATION / MENTAL BREAK

TODAY'S MOOD

NOTES

● TO START   ☑ OK   ⤴ DELAY   ☑ STUCK   ✕ CANCEL

BRAIN DUMP

GRATITUDE

HOME

WORK

PERSONAL

PROJECTS

OTHERS

NOTES:

HABIT TRACKER

HABIT	CHECKLIST
	1 2 3 4 5 / 6 7 8 9 10
	1 2 3 4 5 / 6 7 8 9 10
	1 2 3 4 5 / 6 7 8 9 10
	1 2 3 4 5 / 6 7 8 9 10
	1 2 3 4 5 / 6 7 8 9 10
	1 2 3 4 5 / 6 7 8 9 10
	1 2 3 4 5 / 6 7 8 9 10
	1 2 3 4 5 / 6 7 8 9 10
	1 2 3 4 5 / 6 7 8 9 10
	1 2 3 4 5 / 6 7 8 9 10
	1 2 3 4 5 / 6 7 8 9 10
	1 2 3 4 5 / 6 7 8 9 10
	1 2 3 4 5 / 6 7 8 9 10
	1 2 3 4 5 / 6 7 8 9 10

PRODUCTIVITY PLANNER

DATE:

S M T W T F S

TODAY'S FOCUS

TODAY/WEEK'S GOALS

- ☐ ⚫ _____
- ☐ ⚫ _____
- ☐ ⚫ _____
- ☐ ⚫ _____
- ☐ ⚫ _____

06:00	☐ ⚫
07:00	☐ ⚫
08:00	☐ ⚫
09:00	☐ ⚫
10:00	☐ ⚫
11:00	☐ ⚫
12:00	☐ ⚫
13:00	☐ ⚫
14:00	☐ ⚫
15:00	☐ ⚫
16:00	☐ ⚫
17:00	☐ ⚫
18:00	☐ ⚫
19:00	☐ ⚫
20:00	☐ ⚫
21:00	☐ ⚫
22:00	☐ ⚫
23:00	☐ ⚫

PRIORITY MATRIX

	URGENT	NOT URGENT
IMPORTANT		
NOT IMPORTANT		

MEDITATION / MENTAL BREAK

◇ ◇ ◇ ◇ ◇ ◇ ◇ ◇

TODAY'S MOOD

☹ 😐 😐 🙂 😊

NOTES

⚫ TO START   ☑ OK   ⬆ DELAY   ⬊ STUCK   ☒ CANCEL

BRAIN DUMP

GRATITUDE

HOME

WORK

PERSONAL

PROJECTS

OTHERS

NOTES:

HABIT TRACKER

HABIT	CHECKLIST
	① ② ③ ④ ⑤ ⑥ ⑦ ⑧ ⑨ ⑩
	① ② ③ ④ ⑤ ⑥ ⑦ ⑧ ⑨ ⑩
	① ② ③ ④ ⑤ ⑥ ⑦ ⑧ ⑨ ⑩
	① ② ③ ④ ⑤ ⑥ ⑦ ⑧ ⑨ ⑩
	① ② ③ ④ ⑤ ⑥ ⑦ ⑧ ⑨ ⑩
	① ② ③ ④ ⑤ ⑥ ⑦ ⑧ ⑨ ⑩
	① ② ③ ④ ⑤ ⑥ ⑦ ⑧ ⑨ ⑩
	① ② ③ ④ ⑤ ⑥ ⑦ ⑧ ⑨ ⑩
	① ② ③ ④ ⑤ ⑥ ⑦ ⑧ ⑨ ⑩
	① ② ③ ④ ⑤ ⑥ ⑦ ⑧ ⑨ ⑩
	① ② ③ ④ ⑤ ⑥ ⑦ ⑧ ⑨ ⑩
	① ② ③ ④ ⑤ ⑥ ⑦ ⑧ ⑨ ⑩
	① ② ③ ④ ⑤ ⑥ ⑦ ⑧ ⑨ ⑩
	① ② ③ ④ ⑤ ⑥ ⑦ ⑧ ⑨ ⑩

PRODUCTIVITY PLANNER

DATE:

TODAY'S FOCUS
S M T W T F S

TODAY/WEEK'S GOALS
- ☐
- ☐
- ☐
- ☐
- ☐

06:00	
07:00	
08:00	
09:00	
10:00	
11:00	
12:00	
13:00	
14:00	
15:00	
16:00	
17:00	
18:00	
19:00	
20:00	
21:00	
22:00	
23:00	

PRIORITY MATRIX

	URGENT	NOT URGENT
IMPORTANT		
NOT IMPORTANT		

MEDITATION / MENTAL BREAK

TODAY'S MOOD

NOTES

● TO START   ✓ OK   → DELAY   ⟋ STUCK   ✗ CANCEL

BRAIN DUMP

GRATITUDE

HOME

WORK

PERSONAL

PROJECTS

OTHERS

NOTES:

HABIT TRACKER

HABIT	CHECKLIST
	1 2 3 4 5 / 6 7 8 9 10
	1 2 3 4 5 / 6 7 8 9 10
	1 2 3 4 5 / 6 7 8 9 10
	1 2 3 4 5 / 6 7 8 9 10
	1 2 3 4 5 / 6 7 8 9 10
	1 2 3 4 5 / 6 7 8 9 10
	1 2 3 4 5 / 6 7 8 9 10
	1 2 3 4 5 / 6 7 8 9 10
	1 2 3 4 5 / 6 7 8 9 10
	1 2 3 4 5 / 6 7 8 9 10
	1 2 3 4 5 / 6 7 8 9 10
	1 2 3 4 5 / 6 7 8 9 10
	1 2 3 4 5 / 6 7 8 9 10
	1 2 3 4 5 / 6 7 8 9 10
	1 2 3 4 5 / 6 7 8 9 10

PRODUCTIVITY PLANNER

DATE: _____

S M T W T F S

TODAY'S FOCUS

☐ _____
☐ _____
☐ _____
☐ _____
☐ _____

06:00
07:00
08:00
09:00
10:00
11:00
12:00
13:00
14:00
15:00
16:00
17:00
18:00
19:00
20:00
21:00
22:00
23:00

NOTES

TODAY/WEEK'S GOALS

PRIORITY MATRIX

	URGENT	NOT URGENT
IMPORTANT		
NOT IMPORTANT		

MEDITATION / MENTAL BREAK

◇ ◇ ◇ ◇ ◇ ◇ ◇ ◇

TODAY'S MOOD

😖 😐 😊 😃 😄

● TO START   ✓ OK   ↑ DELAY   ☑ STUCK   ☒ CANCEL

BRAIN DUMP

GRATITUDE

HOME

WORK

PERSONAL

PROJECTS   OTHERS

NOTES:

HABIT TRACKER

CHECKLIST

HABIT	CHECKLIST
	1 2 3 4 5 / 6 7 8 9 10
	1 2 3 4 5 / 6 7 8 9 10
	1 2 3 4 5 / 6 7 8 9 10
	1 2 3 4 5 / 6 7 8 9 10
	1 2 3 4 5 / 6 7 8 9 10
	1 2 3 4 5 / 6 7 8 9 10
	1 2 3 4 5 / 6 7 8 9 10
	1 2 3 4 5 / 6 7 8 9 10
	1 2 3 4 5 / 6 7 8 9 10
	1 2 3 4 5 / 6 7 8 9 10
	1 2 3 4 5 / 6 7 8 9 10
	1 2 3 4 5 / 6 7 8 9 10
	1 2 3 4 5 / 6 7 8 9 10

PRODUCTIVITY PLANNER

DATE:

S M T W T F S

TODAY'S FOCUS

TODAY/WEEK'S GOALS

- [ ]
- [ ]
- [ ]
- [ ]
- [ ]

06:00	
07:00	
08:00	
09:00	
10:00	
11:00	
12:00	
13:00	
14:00	
15:00	
16:00	
17:00	
18:00	
19:00	
20:00	
21:00	
22:00	
23:00	

PRIORITY MATRIX

	URGENT	NOT URGENT
IMPORTANT		
NOT IMPORTANT		

MEDITATION / MENTAL BREAK

TODAY'S MOOD

NOTES

- TO START
- OK
- DELAY
- STUCK
- CANCEL

BRAIN DUMP

GRATITUDE

HOME

WORK

PERSONAL

PROJECTS

OTHERS

NOTES:

HABIT TRACKER

HABIT	CHECKLIST
	1 2 3 4 5 6 7 8 9 10
	1 2 3 4 5 6 7 8 9 10
	1 2 3 4 5 6 7 8 9 10
	1 2 3 4 5 6 7 8 9 10
	1 2 3 4 5 6 7 8 9 10
	1 2 3 4 5 6 7 8 9 10
	1 2 3 4 5 6 7 8 9 10
	1 2 3 4 5 6 7 8 9 10
	1 2 3 4 5 6 7 8 9 10
	1 2 3 4 5 6 7 8 9 10
	1 2 3 4 5 6 7 8 9 10
	1 2 3 4 5 6 7 8 9 10
	1 2 3 4 5 6 7 8 9 10

PRODUCTIVITY PLANNER

DATE:

TODAY'S GOALS

S M T W T F S

☐ ●
☐ ●
☐ ●
☐ ●
☐ ●

PRIORITY MATRIX

	URGENT	NOT URGENT
IMPORTANT		
NOT IMPORTANT		

MEDITATION / MENTAL BREAK

◊ ◊ ◊ ◊ ◊ ◊ ◊ ◊

TODAY'S MOOD

😟 🙁 😐 🙂 😊

TODAY'S FOCUS

☐ ● 06:00
☐ ● 07:00
☐ ● 08:00
☐ ● 09:00
☐ ● 10:00
☐ ● 11:00
☐ ● 12:00
☐ ● 13:00
☐ ● 14:00
☐ ● 15:00
☐ ● 16:00
☐ ● 17:00
☐ ● 18:00
☐ ● 19:00
☐ ● 20:00
☐ ● 21:00
☐ ● 22:00
☐ ● 23:00

NOTES

● TO START ✓ OK ↗ DELAY ☒ STUCK ✗ CANCEL

BRAIN DUMP

GRATITUDE

HOME

WORK

PERSONAL

PROJECTS   OTHERS

NOTES:

HABIT TRACKER

HABIT	CHECKLIST
	① ② ③ ④ ⑤ ⑥ ⑦ ⑧ ⑨ ⑩
	① ② ③ ④ ⑤ ⑥ ⑦ ⑧ ⑨ ⑩
	① ② ③ ④ ⑤ ⑥ ⑦ ⑧ ⑨ ⑩
	① ② ③ ④ ⑤ ⑥ ⑦ ⑧ ⑨ ⑩
	① ② ③ ④ ⑤ ⑥ ⑦ ⑧ ⑨ ⑩
	① ② ③ ④ ⑤ ⑥ ⑦ ⑧ ⑨ ⑩
	① ② ③ ④ ⑤ ⑥ ⑦ ⑧ ⑨ ⑩
	① ② ③ ④ ⑤ ⑥ ⑦ ⑧ ⑨ ⑩
	① ② ③ ④ ⑤ ⑥ ⑦ ⑧ ⑨ ⑩
	① ② ③ ④ ⑤ ⑥ ⑦ ⑧ ⑨ ⑩
	① ② ③ ④ ⑤ ⑥ ⑦ ⑧ ⑨ ⑩
	① ② ③ ④ ⑤ ⑥ ⑦ ⑧ ⑨ ⑩
	① ② ③ ④ ⑤ ⑥ ⑦ ⑧ ⑨ ⑩

PRODUCTIVITY PLANNER

DATE:

S M T W T F S

TODAY'S FOCUS

TODAY/WEEK'S GOALS

- 06:00
- 07:00
- 08:00
- 09:00
- 10:00
- 11:00
- 12:00
- 13:00
- 14:00
- 15:00
- 16:00
- 17:00
- 18:00
- 19:00
- 20:00
- 21:00
- 22:00
- 23:00

PRIORITY MATRIX

	URGENT	NOT URGENT
IMPORTANT		
NOT IMPORTANT		

MEDITATION / MENTAL BREAK

TODAY'S MOOD

NOTES

TO START   ✓ OK   → DELAY   ╱ STUCK   ✗ CANCEL

BRAIN DUMP

GRATITUDE

HOME

WORK

PERSONAL

PROJECTS

OTHERS

NOTES:

HABIT TRACKER

HABIT	CHECKLIST
	1 2 3 4 5 / 6 7 8 9 10
	1 2 3 4 5 / 6 7 8 9 10
	1 2 3 4 5 / 6 7 8 9 10
	1 2 3 4 5 / 6 7 8 9 10
	1 2 3 4 5 / 6 7 8 9 10
	1 2 3 4 5 / 6 7 8 9 10
	1 2 3 4 5 / 6 7 8 9 10
	1 2 3 4 5 / 6 7 8 9 10
	1 2 3 4 5 / 6 7 8 9 10
	1 2 3 4 5 / 6 7 8 9 10
	1 2 3 4 5 / 6 7 8 9 10
	1 2 3 4 5 / 6 7 8 9 10
	1 2 3 4 5 / 6 7 8 9 10
	1 2 3 4 5 / 6 7 8 9 10

PRODUCTIVITY PLANNER

S M T W T F S

DATE:

TODAY'S FOCUS

TODAY/WEEK'S GOALS

⬜ ⬜ ⬜ ⬜ ⬜

0600
07:00
08:00
09:00
10:00
11:00
12:00
13:00
14:00
15:00
16:00
17:00
18:00
19:00
20:00
21:00
22:00
23:00

PRIORITY MATRIX

	URGENT	NOT URGENT
IMPORTANT		
NOT IMPORTANT		

MEDITATION / MENTAL BREAK

TODAY'S MOOD

NOTES

● TO START   ✓ OK   ↑ DELAY   ✗ STUCK   ✗ CANCEL

BRAIN DUMP

GRATITUDE

HOME

WORK

PERSONAL

PROJECTS

OTHERS

NOTES:

HABIT TRACKER

CHECKLIST

HABIT	CHECKLIST
	1 2 3 4 5 6 7 8 9 10
	1 2 3 4 5 6 7 8 9 10
	1 2 3 4 5 6 7 8 9 10
	1 2 3 4 5 6 7 8 9 10
	1 2 3 4 5 6 7 8 9 10
	1 2 3 4 5 6 7 8 9 10
	1 2 3 4 5 6 7 8 9 10
	1 2 3 4 5 6 7 8 9 10
	1 2 3 4 5 6 7 8 9 10
	1 2 3 4 5 6 7 8 9 10
	1 2 3 4 5 6 7 8 9 10
	1 2 3 4 5 6 7 8 9 10
	1 2 3 4 5 6 7 8 9 10
	1 2 3 4 5 6 7 8 9 10
	1 2 3 4 5 6 7 8 9 10
	1 2 3 4 5 6 7 8 9 10

PRODUCTIVITY PLANNER

DATE:

S M T W T F S

TODAY'S FOCUS

06:00
07:00
08:00
09:00
10:00
11:00
12:00
13:00
14:00
15:00
16:00
17:00
18:00
19:00
20:00
21:00
22:00
23:00

NOTES

TODAY/WEEK'S GOALS

☐
☐
☐
☐
☐

PRIORITY MATRIX

	URGENT	NOT URGENT
IMPORTANT		
NOT IMPORTANT		

MEDITATION / MENTAL BREAK

TODAY'S MOOD

● TO START   ✓ OK   → DELAY   ✗ STUCK   ✗ CANCEL

BRAIN DUMP

GRATITUDE

HOME

WORK

PERSONAL

PROJECTS   OTHERS

NOTES:

HABIT TRACKER

HABIT	CHECKLIST
	1 2 3 4 5 / 6 7 8 9 10
	1 2 3 4 5 / 6 7 8 9 10
	1 2 3 4 5 / 6 7 8 9 10
	1 2 3 4 5 / 6 7 8 9 10
	1 2 3 4 5 / 6 7 8 9 10
	1 2 3 4 5 / 6 7 8 9 10
	1 2 3 4 5 / 6 7 8 9 10
	1 2 3 4 5 / 6 7 8 9 10
	1 2 3 4 5 / 6 7 8 9 10
	1 2 3 4 5 / 6 7 8 9 10
	1 2 3 4 5 / 6 7 8 9 10
	1 2 3 4 5 / 6 7 8 9 10
	1 2 3 4 5 / 6 7 8 9 10
	1 2 3 4 5 / 6 7 8 9 10
	1 2 3 4 5 / 6 7 8 9 10
	1 2 3 4 5 / 6 7 8 9 10

PRODUCTIVITY PLANNER

DATE:

S M T W T F S

TODAY'S FOCUS

TODAY/WEEK'S GOALS

- 06:00
- 07:00
- 08:00
- 09:00
- 10:00
- 11:00
- 12:00
- 13:00
- 14:00
- 15:00
- 16:00
- 17:00
- 18:00
- 19:00
- 20:00
- 21:00
- 22:00
- 23:00

PRIORITY MATRIX

	URGENT	NOT URGENT
IMPORTANT		
NOT IMPORTANT		

MEDITATION / MENTAL BREAK

TODAY'S MOOD

NOTES

● TO START ✓ OK ↑ DELAY ▨ STUCK ✕ CANCEL

BRAIN DUMP

GRATITUDE

HOME

WORK

PERSONAL

PROJECTS   OTHERS

NOTES:

HABIT TRACKER

HABIT	CHECKLIST
	1 2 3 4 5 / 6 7 8 9 10
	1 2 3 4 5 / 6 7 8 9 10
	1 2 3 4 5 / 6 7 8 9 10
	1 2 3 4 5 / 6 7 8 9 10
	1 2 3 4 5 / 6 7 8 9 10
	1 2 3 4 5 / 6 7 8 9 10
	1 2 3 4 5 / 6 7 8 9 10
	1 2 3 4 5 / 6 7 8 9 10
	1 2 3 4 5 / 6 7 8 9 10
	1 2 3 4 5 / 6 7 8 9 10
	1 2 3 4 5 / 6 7 8 9 10
	1 2 3 4 5 / 6 7 8 9 10
	1 2 3 4 5 / 6 7 8 9 10
	1 2 3 4 5 / 6 7 8 9 10

PRODUCTIVITY PLANNER

DATE:

S M T W T F S

TODAY'S FOCUS

☐ 06:00
☐ 07:00
☐ 08:00
☐ 09:00
☐ 10:00
☐ 11:00
☐ 12:00
☐ 13:00
☐ 14:00
☐ 15:00
☐ 16:00
☐ 17:00
☐ 18:00
☐ 19:00
☐ 20:00
☐ 21:00
☐ 22:00
☐ 23:00

NOTES

● TO START   ✓ OK   ↑ DELAY   ⟋ STUCK   ✗ CANCEL

TODAY/WEEK'S GOALS

☐
☐
☐
☐
☐

PRIORITY MATRIX

	URGENT	NOT URGENT
IMPORTANT		
NOT IMPORTANT		

MEDITATION / MENTAL BREAK

TODAY'S MOOD

BRAIN DUMP

GRATITUDE

HOME

WORK

PERSONAL

PROJECTS   OTHERS

NOTES:

HABIT TRACKER

HABIT	CHECKLIST				
	1	2	3	4	5
	6	7	8	9	10
	1	2	3	4	5
	6	7	8	9	10
	1	2	3	4	5
	6	7	8	9	10
	1	2	3	4	5
	6	7	8	9	10
	1	2	3	4	5
	6	7	8	9	10
	1	2	3	4	5
	6	7	8	9	10
	1	2	3	4	5
	6	7	8	9	10
	1	2	3	4	5
	6	7	8	9	10
	1	2	3	4	5
	6	7	8	9	10
	1	2	3	4	5
	6	7	8	9	10
	1	2	3	4	5
	6	7	8	9	10
	1	2	3	4	5
	6	7	8	9	10
	1	2	3	4	5
	6	7	8	9	10

PRODUCTIVITY PLANNER

DATE:

TODAY'S FOCUS

S M T W T F S

TODAY/WEEK'S GOALS

06:00
07:00
08:00
09:00
10:00
11:00
12:00
13:00
14:00
15:00
16:00
17:00
18:00
19:00
20:00
21:00
22:00
23:00

NOTES

PRIORITY MATRIX

	URGENT	NOT URGENT
IMPORTANT		
NOT IMPORTANT		

MEDITATION / MENTAL BREAK

TODAY'S MOOD

● TO START   ☑ OK   ⤴ DELAY   ☒ STUCK   ☒ CANCEL

BRAIN DUMP

GRATITUDE

HOME

WORK

PERSONAL

PROJECTS   OTHERS

NOTES:

HABIT TRACKER

HABIT	CHECKLIST
	1 2 3 4 5 / 6 7 8 9 10
	1 2 3 4 5 / 6 7 8 9 10
	1 2 3 4 5 / 6 7 8 9 10
	1 2 3 4 5 / 6 7 8 9 10
	1 2 3 4 5 / 6 7 8 9 10
	1 2 3 4 5 / 6 7 8 9 10
	1 2 3 4 5 / 6 7 8 9 10
	1 2 3 4 5 / 6 7 8 9 10
	1 2 3 4 5 / 6 7 8 9 10
	1 2 3 4 5 / 6 7 8 9 10
	1 2 3 4 5 / 6 7 8 9 10
	1 2 3 4 5 / 6 7 8 9 10
	1 2 3 4 5 / 6 7 8 9 10
	1 2 3 4 5 / 6 7 8 9 10
	1 2 3 4 5 / 6 7 8 9 10

PRODUCTIVITY PLANNER

S M T W T F S

DATE: _____

TODAY'S FOCUS

- 06:00
- 07:00
- 08:00
- 09:00
- 10:00
- 11:00
- 12:00
- 13:00
- 14:00
- 15:00
- 16:00
- 17:00
- 18:00
- 19:00
- 20:00
- 21:00
- 22:00
- 23:00

NOTES

TODAY/WEEK'S GOALS

PRIORITY MATRIX

	URGENT	NOT URGENT
IMPORTANT		
NOT IMPORTANT		

MEDITATION / MENTAL BREAK

TODAY'S MOOD

TO START   ☑ OK   ↗ DELAY   ◪ STUCK   ✗ CANCEL

BRAIN DUMP

GRATITUDE

HOME

WORK

PERSONAL

PROJECTS   OTHERS

NOTES:

HABIT TRACKER

HABIT	CHECKLIST				
	1	2	3	4	5
	6	7	8	9	10
	1	2	3	4	5
	6	7	8	9	10
	1	2	3	4	5
	6	7	8	9	10
	1	2	3	4	5
	6	7	8	9	10
	1	2	3	4	5
	6	7	8	9	10
	1	2	3	4	5
	6	7	8	9	10
	1	2	3	4	5
	6	7	8	9	10
	1	2	3	4	5
	6	7	8	9	10
	1	2	3	4	5
	6	7	8	9	10
	1	2	3	4	5
	6	7	8	9	10
	1	2	3	4	5
	6	7	8	9	10
	1	2	3	4	5
	6	7	8	9	10
	1	2	3	4	5
	6	7	8	9	10

PRODUCTIVITY PLANNER

DATE: _____

S M T W T F S

TODAY'S FOCUS

TODAY/WEEK'S GOALS

- ☐ ⦿ _____
- ☐ ⦿ _____
- ☐ ⦿ _____
- ☐ ⦿ _____
- ☐ ⦿ _____

06:00	☐ ⦿	
07:00	☐ ⦿	
08:00	☐ ⦿	
09:00	☐ ⦿	
10:00	☐ ⦿	
11:00	☐ ⦿	
12:00	☐ ⦿	
13:00	☐ ⦿	
14:00	☐ ⦿	
15:00	☐ ⦿	
16:00	☐ ⦿	
17:00	☐ ⦿	
18:00	☐ ⦿	
19:00	☐ ⦿	
20:00	☐ ⦿	
21:00	☐ ⦿	
22:00	☐ ⦿	
23:00	☐ ⦿	

PRIORITY MATRIX

	URGENT	NOT URGENT
IMPORTANT		
NOT IMPORTANT		

MEDITATION / MENTAL BREAK

◇ ◇ ◇ ◇ ◇ ◇ ◇ ◇ ◇ ◇

TODAY'S MOOD

😡 😟 😐 🙂 😄

NOTES

_____

⦿ TO START   ✓ OK   ↑ DELAY   ◺ STUCK   ✕ CANCEL

BRAIN DUMP

GRATITUDE

HOME

WORK

PERSONAL

PROJECTS

OTHERS

NOTES:

HABIT TRACKER

HABIT	CHECKLIST
	1 2 3 4 5 / 6 7 8 9 10
	1 2 3 4 5 / 6 7 8 9 10
	1 2 3 4 5 / 6 7 8 9 10
	1 2 3 4 5 / 6 7 8 9 10
	1 2 3 4 5 / 6 7 8 9 10
	1 2 3 4 5 / 6 7 8 9 10
	1 2 3 4 5 / 6 7 8 9 10
	1 2 3 4 5 / 6 7 8 9 10
	1 2 3 4 5 / 6 7 8 9 10
	1 2 3 4 5 / 6 7 8 9 10
	1 2 3 4 5 / 6 7 8 9 10
	1 2 3 4 5 / 6 7 8 9 10
	1 2 3 4 5 / 6 7 8 9 10
	1 2 3 4 5 / 6 7 8 9 10

PRODUCTIVITY PLANNER

DATE:

TODAY'S FOCUS

S M T W T F S

TODAY/WEEK'S GOALS

☐
☐
☐
☐
☐

PRIORITY MATRIX

	URGENT	NOT URGENT
IMPORTANT		
NOT IMPORTANT		

MEDITATION / MENTAL BREAK

TODAY'S MOOD

TODAY'S FOCUS

06:00
07:00
08:00
09:00
10:00
11:00
12:00
13:00
14:00
15:00
16:00
17:00
18:00
19:00
20:00
21:00
22:00
23:00

NOTES

☑ OK   ↗ DELAY   ⊘ STUCK   ✗ CANCEL   ● TO START

BRAIN DUMP

GRATITUDE

HOME

WORK

PERSONAL

PROJECTS   OTHERS

NOTES:

HABIT TRACKER

HABIT	CHECKLIST
	1 2 3 4 5 / 6 7 8 9 10
	1 2 3 4 5 / 6 7 8 9 10
	1 2 3 4 5 / 6 7 8 9 10
	1 2 3 4 5 / 6 7 8 9 10
	1 2 3 4 5 / 6 7 8 9 10
	1 2 3 4 5 / 6 7 8 9 10
	1 2 3 4 5 / 6 7 8 9 10
	1 2 3 4 5 / 6 7 8 9 10
	1 2 3 4 5 / 6 7 8 9 10
	1 2 3 4 5 / 6 7 8 9 10
	1 2 3 4 5 / 6 7 8 9 10
	1 2 3 4 5 / 6 7 8 9 10
	1 2 3 4 5 / 6 7 8 9 10
	1 2 3 4 5 / 6 7 8 9 10
	1 2 3 4 5 / 6 7 8 9 10

PRODUCTIVITY PLANNER

HABIT TRACKER

HABIT	CHECKLIST
	1 2 3 4 5 / 6 7 8 9 10
	1 2 3 4 5 / 6 7 8 9 10
	1 2 3 4 5 / 6 7 8 9 10
	1 2 3 4 5 / 6 7 8 9 10
	1 2 3 4 5 / 6 7 8 9 10
	1 2 3 4 5 / 6 7 8 9 10
	1 2 3 4 5 / 6 7 8 9 10
	1 2 3 4 5 / 6 7 8 9 10
	1 2 3 4 5 / 6 7 8 9 10
	1 2 3 4 5 / 6 7 8 9 10
	1 2 3 4 5 / 6 7 8 9 10
	1 2 3 4 5 / 6 7 8 9 10
	1 2 3 4 5 / 6 7 8 9 10

BRAIN DUMP

GRATITUDE

HOME

WORK

PERSONAL

PROJECTS   OTHERS

NOTES:

PRODUCTIVITY PLANNER

S M T W T F S

DATE:

TODAY'S FOCUS

TODAY/WEEK'S GOALS

06:00
07:00
08:00
09:00
10:00
11:00
12:00
13:00
14:00
15:00
16:00
17:00
18:00
19:00
20:00
21:00
22:00
23:00

PRIORITY MATRIX

	URGENT	NOT URGENT
IMPORTANT		
NOT IMPORTANT		

MEDITATION / MENTAL BREAK

TODAY'S MOOD

NOTES

☑ OK   ⤴ DELAY   ◩ STUCK   ☒ CANCEL

● TO START

PRODUCTIVITY PLANNER

S M T W T F S

DATE:

TODAY'S FOCUS

- 06:00
- 07:00
- 08:00
- 09:00
- 10:00
- 11:00
- 12:00
- 13:00
- 14:00
- 15:00
- 16:00
- 17:00
- 18:00
- 19:00
- 20:00
- 21:00
- 22:00
- 23:00

NOTES

TODAY/WEEK'S GOALS

PRIORITY MATRIX

	URGENT	NOT URGENT
IMPORTANT		
NOT IMPORTANT		

MEDITATION / MENTAL BREAK

TODAY'S MOOD

● TO START   ☑ OK   ⇥ DELAY   ⊘ STUCK   ✕ CANCEL

BRAIN DUMP

GRATITUDE

HOME

WORK

PERSONAL

PROJECTS   OTHERS

NOTES:

HABIT TRACKER

CHECKLIST

HABIT	CHECKLIST				
	1 2 3 4 5				
	6 7 8 9 10				
	1 2 3 4 5				
	6 7 8 9 10				
	1 2 3 4 5				
	6 7 8 9 10				
	1 2 3 4 5				
	6 7 8 9 10				
	1 2 3 4 5				
	6 7 8 9 10				
	1 2 3 4 5				
	6 7 8 9 10				
	1 2 3 4 5				
	6 7 8 9 10				
	1 2 3 4 5				
	6 7 8 9 10				
	1 2 3 4 5				
	6 7 8 9 10				
	1 2 3 4 5				
	6 7 8 9 10				
	1 2 3 4 5				
	6 7 8 9 10				
	1 2 3 4 5				
	6 7 8 9 10				

PRODUCTIVITY PLANNER

DATE:

S M T W T F S

TODAY'S FOCUS

TODAY/WEEK'S GOALS

- 06:00
- 07:00
- 08:00
- 09:00
- 10:00
- 11:00
- 12:00
- 13:00
- 14:00
- 15:00
- 16:00
- 17:00
- 18:00
- 19:00
- 20:00
- 21:00
- 22:00
- 23:00

NOTES

PRIORITY MATRIX

	URGENT	NOT URGENT
IMPORTANT		
NOT IMPORTANT		

MEDITATION / MENTAL BREAK

TODAY'S MOOD

● TO START ☑ OK ⬆ DELAY ▨ STUCK ✕ CANCEL

BRAIN DUMP

GRATITUDE

HOME

WORK

PERSONAL

PROJECTS

OTHERS

NOTES:

HABIT TRACKER

HABIT	CHECKLIST
	1 2 3 4 5 / 6 7 8 9 10
	1 2 3 4 5 / 6 7 8 9 10
	1 2 3 4 5 / 6 7 8 9 10
	1 2 3 4 5 / 6 7 8 9 10
	1 2 3 4 5 / 6 7 8 9 10
	1 2 3 4 5 / 6 7 8 9 10
	1 2 3 4 5 / 6 7 8 9 10
	1 2 3 4 5 / 6 7 8 9 10
	1 2 3 4 5 / 6 7 8 9 10
	1 2 3 4 5 / 6 7 8 9 10
	1 2 3 4 5 / 6 7 8 9 10
	1 2 3 4 5 / 6 7 8 9 10
	1 2 3 4 5 / 6 7 8 9 10
	1 2 3 4 5 / 6 7 8 9 10
	1 2 3 4 5 / 6 7 8 9 10
	1 2 3 4 5 / 6 7 8 9 10

PRODUCTIVITY PLANNER

DATE:

TODAY'S FOCUS

S M T W T F S

TODAY/WEEK'S GOALS

- ☐
- ☐
- ☐
- ☐
- ☐

06:00
07:00
08:00
09:00
10:00
11:00
12:00
13:00
14:00
15:00
16:00
17:00
18:00
19:00
20:00
21:00
22:00
23:00

PRIORITY MATRIX

	URGENT	NOT URGENT
IMPORTANT		
NOT IMPORTANT		

MEDITATION / MENTAL BREAK

TODAY'S MOOD

NOTES

● TO START ✓ OK ⤳ DELAY ✓ STUCK ✗ CANCEL

BRAIN DUMP

GRATITUDE

HOME

WORK

PERSONAL

PROJECTS   OTHERS

NOTES:

HABIT TRACKER

HABIT	CHECKLIST
	1 2 3 4 5 / 6 7 8 9 10
	1 2 3 4 5 / 6 7 8 9 10
	1 2 3 4 5 / 6 7 8 9 10
	1 2 3 4 5 / 6 7 8 9 10
	1 2 3 4 5 / 6 7 8 9 10
	1 2 3 4 5 / 6 7 8 9 10
	1 2 3 4 5 / 6 7 8 9 10
	1 2 3 4 5 / 6 7 8 9 10
	1 2 3 4 5 / 6 7 8 9 10
	1 2 3 4 5 / 6 7 8 9 10
	1 2 3 4 5 / 6 7 8 9 10
	1 2 3 4 5 / 6 7 8 9 10
	1 2 3 4 5 / 6 7 8 9 10
	1 2 3 4 5 / 6 7 8 9 10
	1 2 3 4 5 / 6 7 8 9 10

PRODUCTIVITY PLANNER

DATE:

S M T W T F S

TODAY'S FOCUS

06:00
07:00
08:00
09:00
10:00
11:00
12:00
13:00
14:00
15:00
16:00
17:00
18:00
19:00
20:00
21:00
22:00
23:00

NOTES

TODAY/WEEK'S GOALS

PRIORITY MATRIX

	URGENT	NOT URGENT
IMPORTANT		
NOT IMPORTANT		

MEDITATION / MENTAL BREAK

TODAY'S MOOD

☑ OK ⤴ DELAY ☑ STUCK ☒ CANCEL ● TO START

BRAIN DUMP

GRATITUDE

HOME

WORK

PERSONAL

PROJECTS   OTHERS

NOTES:

HABIT TRACKER

HABIT	CHECKLIST
	1 2 3 4 5 6 7 8 9 10
	1 2 3 4 5 6 7 8 9 10
	1 2 3 4 5 6 7 8 9 10
	1 2 3 4 5 6 7 8 9 10
	1 2 3 4 5 6 7 8 9 10
	1 2 3 4 5 6 7 8 9 10
	1 2 3 4 5 6 7 8 9 10
	1 2 3 4 5 6 7 8 9 10
	1 2 3 4 5 6 7 8 9 10
	1 2 3 4 5 6 7 8 9 10
	1 2 3 4 5 6 7 8 9 10
	1 2 3 4 5 6 7 8 9 10
	1 2 3 4 5 6 7 8 9 10
	1 2 3 4 5 6 7 8 9 10
	1 2 3 4 5 6 7 8 9 10

PRODUCTIVITY PLANNER

DATE:

S M T W T F S

TODAY'S FOCUS

TODAY/WEEK'S GOALS

06:00
07:00
08:00
09:00
10:00
11:00
12:00
13:00
14:00
15:00
16:00
17:00
18:00
19:00
20:00
21:00
22:00
23:00

PRIORITY MATRIX

	URGENT	NOT URGENT
IMPORTANT		
NOT IMPORTANT		

MEDITATION / MENTAL BREAK

TODAY'S MOOD

NOTES

● TO START ✓ OK ↑ DELAY ↗ STUCK ✗ CANCEL

BRAIN DUMP

GRATITUDE

HOME

WORK

PERSONAL

PROJECTS

OTHERS

NOTES:

HABIT TRACKER

HABIT	CHECKLIST
	1 2 3 4 5 / 6 7 8 9 10
	1 2 3 4 5 / 6 7 8 9 10
	1 2 3 4 5 / 6 7 8 9 10
	1 2 3 4 5 / 6 7 8 9 10
	1 2 3 4 5 / 6 7 8 9 10
	1 2 3 4 5 / 6 7 8 9 10
	1 2 3 4 5 / 6 7 8 9 10
	1 2 3 4 5 / 6 7 8 9 10
	1 2 3 4 5 / 6 7 8 9 10
	1 2 3 4 5 / 6 7 8 9 10
	1 2 3 4 5 / 6 7 8 9 10
	1 2 3 4 5 / 6 7 8 9 10
	1 2 3 4 5 / 6 7 8 9 10
	1 2 3 4 5 / 6 7 8 9 10

PRODUCTIVITY PLANNER

DATE:

S M T W T F S

TODAY'S FOCUS

TODAY/WEEK'S GOALS

○ 06:00
○ 07:00
○ 08:00
○ 09:00
○ 10:00
○ 11:00
○ 12:00
○ 13:00
○ 14:00
○ 15:00
○ 16:00
○ 17:00
○ 18:00
○ 19:00
○ 20:00
○ 21:00
○ 22:00
○ 23:00

PRIORITY MATRIX

	URGENT	NOT URGENT
IMPORTANT		
NOT IMPORTANT		

MEDITATION / MENTAL BREAK

TODAY'S MOOD

NOTES

● TO START   ✓ OK   ⤴ DELAY   ✓ STUCK   ✗ CANCEL

BRAIN DUMP

GRATITUDE

HOME

WORK

PERSONAL

PROJECTS   OTHERS

NOTES:

HABIT TRACKER

HABIT	CHECKLIST
	1 2 3 4 5 / 6 7 8 9 10
	1 2 3 4 5 / 6 7 8 9 10
	1 2 3 4 5 / 6 7 8 9 10
	1 2 3 4 5 / 6 7 8 9 10
	1 2 3 4 5 / 6 7 8 9 10
	1 2 3 4 5 / 6 7 8 9 10
	1 2 3 4 5 / 6 7 8 9 10
	1 2 3 4 5 / 6 7 8 9 10
	1 2 3 4 5 / 6 7 8 9 10
	1 2 3 4 5 / 6 7 8 9 10
	1 2 3 4 5 / 6 7 8 9 10
	1 2 3 4 5 / 6 7 8 9 10
	1 2 3 4 5 / 6 7 8 9 10

PRODUCTIVITY PLANNER

DATE:

S   M   T   W   T   F   S

TODAY'S FOCUS

TODAY/WEEK'S GOALS

○ 06:00
○ 07:00
○ 08:00
○ 09:00
○ 10:00
○ 11:00
○ 12:00
○ 13:00
○ 14:00
○ 15:00
○ 16:00
○ 17:00
○ 18:00
○ 19:00
○ 20:00
○ 21:00
○ 22:00
○ 23:00

PRIORITY MATRIX

	URGENT	NOT URGENT
IMPORTANT		
NOT IMPORTANT		

MEDITATION / MENTAL BREAK

TODAY'S MOOD

NOTES

● TO START   ☑ OK   → DELAY   ☒ STUCK   ☒ CANCEL

BRAIN DUMP

GRATITUDE

HOME

WORK

PERSONAL

PROJECTS   OTHERS

NOTES:

HABIT TRACKER

HABIT	CHECKLIST				
	1	2	3	4	5
	6	7	8	9	10
	1	2	3	4	5
	6	7	8	9	10
	1	2	3	4	5
	6	7	8	9	10
	1	2	3	4	5
	6	7	8	9	10
	1	2	3	4	5
	6	7	8	9	10
	1	2	3	4	5
	6	7	8	9	10
	1	2	3	4	5
	6	7	8	9	10
	1	2	3	4	5
	6	7	8	9	10
	1	2	3	4	5
	6	7	8	9	10
	1	2	3	4	5
	6	7	8	9	10
	1	2	3	4	5
	6	7	8	9	10
	1	2	3	4	5
	6	7	8	9	10

PRODUCTIVITY PLANNER

DATE:

S M T W T F S

TODAY'S FOCUS

TODAY/WEEK'S GOALS

06:00
07:00
08:00
09:00
10:00
11:00
12:00
13:00
14:00
15:00
16:00
17:00
18:00
19:00
20:00
21:00
22:00
23:00

PRIORITY MATRIX

	URGENT	NOT URGENT
IMPORTANT		
NOT IMPORTANT		

MEDITATION / MENTAL BREAK

TODAY'S MOOD

NOTES

TO START   OK   DELAY   STUCK   CANCEL

BRAIN DUMP

GRATITUDE

HOME

WORK

PERSONAL

PROJECTS   OTHERS

NOTES:

HABIT TRACKER

CHECKLIST

HABIT	1 2 3 4 5 / 6 7 8 9 10
	1 2 3 4 5 / 6 7 8 9 10
	1 2 3 4 5 / 6 7 8 9 10
	1 2 3 4 5 / 6 7 8 9 10
	1 2 3 4 5 / 6 7 8 9 10
	1 2 3 4 5 / 6 7 8 9 10
	1 2 3 4 5 / 6 7 8 9 10
	1 2 3 4 5 / 6 7 8 9 10
	1 2 3 4 5 / 6 7 8 9 10
	1 2 3 4 5 / 6 7 8 9 10
	1 2 3 4 5 / 6 7 8 9 10
	1 2 3 4 5 / 6 7 8 9 10
	1 2 3 4 5 / 6 7 8 9 10
	1 2 3 4 5 / 6 7 8 9 10
	1 2 3 4 5 / 6 7 8 9 10
	1 2 3 4 5 / 6 7 8 9 10

PRODUCTIVITY PLANNER

DATE:

TODAY'S FOCUS

S M T W T F S

TODAY/WEEK'S GOALS

- 06:00
- 07:00
- 08:00
- 09:00
- 10:00
- 11:00
- 12:00
- 13:00
- 14:00
- 15:00
- 16:00
- 17:00
- 18:00
- 19:00
- 20:00
- 21:00
- 22:00
- 23:00

PRIORITY MATRIX

	URGENT	NOT URGENT
IMPORTANT		
NOT IMPORTANT		

MEDITATION / MENTAL BREAK

TODAY'S MOOD

NOTES

●TO START   ✓OK   ↗DELAY   ☑STUCK   ✗CANCEL

BRAIN DUMP

GRATITUDE

HOME

WORK

PERSONAL

PROJECTS

OTHERS

NOTES:

HABIT TRACKER

HABIT	CHECKLIST				
	1 2 3 4 5				
	6 7 8 9 10				
	1 2 3 4 5				
	6 7 8 9 10				
	1 2 3 4 5				
	6 7 8 9 10				
	1 2 3 4 5				
	6 7 8 9 10				
	1 2 3 4 5				
	6 7 8 9 10				
	1 2 3 4 5				
	6 7 8 9 10				
	1 2 3 4 5				
	6 7 8 9 10				
	1 2 3 4 5				
	6 7 8 9 10				
	1 2 3 4 5				
	6 7 8 9 10				
	1 2 3 4 5				
	6 7 8 9 10				
	1 2 3 4 5				
	6 7 8 9 10				
	1 2 3 4 5				
	6 7 8 9 10				

PRODUCTIVITY PLANNER

DATE:

TODAY/WEEK'S GOALS
S M T W T F S

TODAY'S FOCUS

- 06:00
- 07:00
- 08:00
- 09:00
- 10:00
- 11:00
- 12:00
- 13:00
- 14:00
- 15:00
- 16:00
- 17:00
- 18:00
- 19:00
- 20:00
- 21:00
- 22:00
- 23:00

NOTES

PRIORITY MATRIX

	URGENT	NOT URGENT
IMPORTANT		
NOT IMPORTANT		

MEDITATION / MENTAL BREAK

TODAY'S MOOD

TO START   OK   DELAY   STUCK   CANCEL

BRAIN DUMP

GRATITUDE

HOME

WORK

PERSONAL

PROJECTS   OTHERS

NOTES:

HABIT TRACKER

HABIT	CHECKLIST
	1 2 3 4 5 6 7 8 9 10
	1 2 3 4 5 6 7 8 9 10
	1 2 3 4 5 6 7 8 9 10
	1 2 3 4 5 6 7 8 9 10
	1 2 3 4 5 6 7 8 9 10
	1 2 3 4 5 6 7 8 9 10
	1 2 3 4 5 6 7 8 9 10
	1 2 3 4 5 6 7 8 9 10
	1 2 3 4 5 6 7 8 9 10
	1 2 3 4 5 6 7 8 9 10
	1 2 3 4 5 6 7 8 9 10
	1 2 3 4 5 6 7 8 9 10
	1 2 3 4 5 6 7 8 9 10
	1 2 3 4 5 6 7 8 9 10

PRODUCTIVITY PLANNER

DATE:

S   M   T   W   T   F   S

TODAY/WEEK'S GOALS

☐
☐
☐
☐
☐

TODAY'S FOCUS

☐ 06:00
☐ 07:00
☐ 08:00
☐ 09:00
☐ 10:00
☐ 11:00
☐ 12:00
☐ 13:00
☐ 14:00
☐ 15:00
☐ 16:00
☐ 17:00
☐ 18:00
☐ 19:00
☐ 20:00
☐ 21:00
☐ 22:00
☐ 23:00

PRIORITY MATRIX

	URGENT	NOT URGENT
IMPORTANT		
NOT IMPORTANT		

MEDITATION / MENTAL BREAK

TODAY'S MOOD

NOTES

✓ OK   → DELAY   ☒ STUCK   ☒ CANCEL   ● TO START

BRAIN DUMP

GRATITUDE

HOME

WORK

PERSONAL

PROJECTS   OTHERS

NOTES:

HABIT TRACKER

HABIT	CHECKLIST
	1 2 3 4 5 / 6 7 8 9 10
	1 2 3 4 5 / 6 7 8 9 10
	1 2 3 4 5 / 6 7 8 9 10
	1 2 3 4 5 / 6 7 8 9 10
	1 2 3 4 5 / 6 7 8 9 10
	1 2 3 4 5 / 6 7 8 9 10
	1 2 3 4 5 / 6 7 8 9 10
	1 2 3 4 5 / 6 7 8 9 10
	1 2 3 4 5 / 6 7 8 9 10
	1 2 3 4 5 / 6 7 8 9 10
	1 2 3 4 5 / 6 7 8 9 10
	1 2 3 4 5 / 6 7 8 9 10
	1 2 3 4 5 / 6 7 8 9 10
	1 2 3 4 5 / 6 7 8 9 10

PRODUCTIVITY PLANNER

DATE:

S   M   T   W   T   F   S

TODAY'S FOCUS

TODAY/WEEK'S GOALS

☐ ●
☐ ●
☐ ●
☐ ●
☐ ●

PRIORITY MATRIX

	URGENT	NOT URGENT
IMPORTANT		
NOT IMPORTANT		

MEDITATION / MENTAL BREAK
◊ ◊ ◊ ◊ ◊ ◊ ◊ ◊

TODAY'S MOOD
😠 😟 😐 🙂 😄

☐ ● 06:00
☐ ● 07:00
☐ ● 08:00
☐ ● 09:00
☐ ● 10:00
☐ ● 11:00
☐ ● 12:00
☐ ● 13:00
☐ ● 14:00
☐ ● 15:00
☐ ● 16:00
☐ ● 17:00
☐ ● 18:00
☐ ● 19:00
☐ ● 20:00
☐ ● 21:00
☐ ● 22:00
☐ ● 23:00

NOTES

● TO START   ☑ OK   ⬆ DELAY   ☒ STUCK   ☒ CANCEL

BRAIN DUMP

GRATITUDE

HOME

WORK

PERSONAL

PROJECTS   OTHERS

NOTES:

HABIT TRACKER

HABIT	CHECKLIST
	1 2 3 4 5 / 6 7 8 9 10
	1 2 3 4 5 / 6 7 8 9 10
	1 2 3 4 5 / 6 7 8 9 10
	1 2 3 4 5 / 6 7 8 9 10
	1 2 3 4 5 / 6 7 8 9 10
	1 2 3 4 5 / 6 7 8 9 10
	1 2 3 4 5 / 6 7 8 9 10
	1 2 3 4 5 / 6 7 8 9 10
	1 2 3 4 5 / 6 7 8 9 10
	1 2 3 4 5 / 6 7 8 9 10
	1 2 3 4 5 / 6 7 8 9 10
	1 2 3 4 5 / 6 7 8 9 10
	1 2 3 4 5 / 6 7 8 9 10
	1 2 3 4 5 / 6 7 8 9 10
	1 2 3 4 5 / 6 7 8 9 10

PRODUCTIVITY PLANNER

DATE:

S M T W T F S

TODAY'S FOCUS

☐	06:00
☐	07:00
☐	08:00
☐	09:00
☐	10:00
☐	11:00
☐	12:00
☐	13:00
☐	14:00
☐	15:00
☐	16:00
☐	17:00
☐	18:00
☐	19:00
☐	20:00
☐	21:00
☐	22:00
☐	23:00

NOTES

TODAY/WEEK'S GOALS

☐
☐
☐
☐
☐

PRIORITY MATRIX

	URGENT	NOT URGENT
IMPORTANT		
NOT IMPORTANT		

MEDITATION / MENTAL BREAK

TODAY'S MOOD

☑ OK   → DELAY   ✓ STUCK   ✗ CANCEL

● TO START

BRAIN DUMP

GRATITUDE

HOME

WORK

PERSONAL

PROJECTS   OTHERS

NOTES:

HABIT TRACKER

HABIT	CHECKLIST
	1 2 3 4 5 / 6 7 8 9 10
	1 2 3 4 5 / 6 7 8 9 10
	1 2 3 4 5 / 6 7 8 9 10
	1 2 3 4 5 / 6 7 8 9 10
	1 2 3 4 5 / 6 7 8 9 10
	1 2 3 4 5 / 6 7 8 9 10
	1 2 3 4 5 / 6 7 8 9 10
	1 2 3 4 5 / 6 7 8 9 10
	1 2 3 4 5 / 6 7 8 9 10
	1 2 3 4 5 / 6 7 8 9 10
	1 2 3 4 5 / 6 7 8 9 10
	1 2 3 4 5 / 6 7 8 9 10
	1 2 3 4 5 / 6 7 8 9 10
	1 2 3 4 5 / 6 7 8 9 10

PRODUCTIVITY PLANNER

S M T W T F S

DATE:

TODAY'S FOCUS

TODAY/WEEK'S GOALS

☐
☐
☐
☐
☐

PRIORITY MATRIX

	URGENT	NOT URGENT
IMPORTANT		
NOT IMPORTANT		

06:00
07:00
08:00
09:00
10:00
11:00
12:00
13:00
14:00
15:00
16:00
17:00
18:00
19:00
20:00
21:00
22:00
23:00

MEDITATION / MENTAL BREAK

◇◇◇◇◇◇◇◇◇

TODAY'S MOOD

NOTES

● TO START   ☑ OK   ⬆ DELAY   ☒ STUCK   ✗ CANCEL

BRAIN DUMP

GRATITUDE

HOME

WORK

PERSONAL

PROJECTS   OTHERS

NOTES:

HABIT TRACKER

CHECKLIST

HABIT	CHECKLIST
	1 2 3 4 5 / 6 7 8 9 10
	1 2 3 4 5 / 6 7 8 9 10
	1 2 3 4 5 / 6 7 8 9 10
	1 2 3 4 5 / 6 7 8 9 10
	1 2 3 4 5 / 6 7 8 9 10
	1 2 3 4 5 / 6 7 8 9 10
	1 2 3 4 5 / 6 7 8 9 10
	1 2 3 4 5 / 6 7 8 9 10
	1 2 3 4 5 / 6 7 8 9 10
	1 2 3 4 5 / 6 7 8 9 10
	1 2 3 4 5 / 6 7 8 9 10
	1 2 3 4 5 / 6 7 8 9 10
	1 2 3 4 5 / 6 7 8 9 10
	1 2 3 4 5 / 6 7 8 9 10
	1 2 3 4 5 / 6 7 8 9 10

PRODUCTIVITY PLANNER

DATE:

S M T W T F S

TODAY'S FOCUS

TODAY/WEEK'S GOALS

06:00
07:00
08:00
09:00
10:00
11:00
12:00
13:00
14:00
15:00
16:00
17:00
18:00
19:00
20:00
21:00
22:00
23:00

PRIORITY MATRIX

	URGENT	NOT URGENT
IMPORTANT		
NOT IMPORTANT		

MEDITATION / MENTAL BREAK

TODAY'S MOOD

NOTES

● TO START   ✓ OK   → DELAY   ⟋ STUCK   ✗ CANCEL

BRAIN DUMP

GRATITUDE

HOME

WORK

PERSONAL

PROJECTS   OTHERS

NOTES:

HABIT TRACKER

HABIT	CHECKLIST
	1 2 3 4 5 6 7 8 9 10
	1 2 3 4 5 6 7 8 9 10
	1 2 3 4 5 6 7 8 9 10
	1 2 3 4 5 6 7 8 9 10
	1 2 3 4 5 6 7 8 9 10
	1 2 3 4 5 6 7 8 9 10
	1 2 3 4 5 6 7 8 9 10
	1 2 3 4 5 6 7 8 9 10
	1 2 3 4 5 6 7 8 9 10
	1 2 3 4 5 6 7 8 9 10
	1 2 3 4 5 6 7 8 9 10
	1 2 3 4 5 6 7 8 9 10
	1 2 3 4 5 6 7 8 9 10
	1 2 3 4 5 6 7 8 9 10

PRODUCTIVITY PLANNER

DATE:

S M T W T F S

TODAY'S FOCUS

TODAY/WEEK'S GOALS

- 06:00
- 07:00
- 08:00
- 09:00
- 10:00
- 11:00
- 12:00
- 13:00
- 14:00
- 15:00
- 16:00
- 17:00
- 18:00
- 19:00
- 20:00
- 21:00
- 22:00
- 23:00

PRIORITY MATRIX

	URGENT	NOT URGENT
IMPORTANT		
NOT IMPORTANT		

MEDITATION / MENTAL BREAK

TODAY'S MOOD

NOTES

● TO START   ☑ OK   ⤴ DELAY   ☑ STUCK   ☒ CANCEL

BRAIN DUMP

GRATITUDE

HOME

WORK

PERSONAL

PROJECTS   OTHERS

NOTES:

HABIT TRACKER

CHECKLIST

HABIT	CHECKLIST
	1 2 3 4 5 / 6 7 8 9 10
	1 2 3 4 5 / 6 7 8 9 10
	1 2 3 4 5 / 6 7 8 9 10
	1 2 3 4 5 / 6 7 8 9 10
	1 2 3 4 5 / 6 7 8 9 10
	1 2 3 4 5 / 6 7 8 9 10
	1 2 3 4 5 / 6 7 8 9 10
	1 2 3 4 5 / 6 7 8 9 10
	1 2 3 4 5 / 6 7 8 9 10
	1 2 3 4 5 / 6 7 8 9 10
	1 2 3 4 5 / 6 7 8 9 10
	1 2 3 4 5 / 6 7 8 9 10
	1 2 3 4 5 / 6 7 8 9 10
	1 2 3 4 5 / 6 7 8 9 10
	1 2 3 4 5 / 6 7 8 9 10

PRODUCTIVITY PLANNER

BRAIN DUMP

HABIT TRACKER

DATE:

S M T W T F S

TODAY'S FOCUS

06:00
07:00
08:00
09:00
10:00
11:00
12:00
13:00
14:00
15:00
16:00
17:00
18:00
19:00
20:00
21:00
22:00
23:00

TODAY/WEEK'S GOALS

PRIORITY MATRIX

	URGENT	NOT URGENT
IMPORTANT		
NOT IMPORTANT		

MEDITATION / MENTAL BREAK

TODAY'S MOOD

NOTES

● TO START   ✓ OK   ⤳ DELAY   ╱ STUCK   ✗ CANCEL

GRATITUDE

HOME

WORK

PERSONAL

PROJECTS   OTHERS

NOTES:

HABIT

CHECKLIST

| 1 | 2 | 3 | 4 | 5 |
| 6 | 7 | 8 | 9 | 10 |

PRODUCTIVITY PLANNER

HABIT TRACKER

HABIT	CHECKLIST
	1 2 3 4 5 / 6 7 8 9 10
	1 2 3 4 5 / 6 7 8 9 10
	1 2 3 4 5 / 6 7 8 9 10
	1 2 3 4 5 / 6 7 8 9 10
	1 2 3 4 5 / 6 7 8 9 10
	1 2 3 4 5 / 6 7 8 9 10
	1 2 3 4 5 / 6 7 8 9 10
	1 2 3 4 5 / 6 7 8 9 10
	1 2 3 4 5 / 6 7 8 9 10
	1 2 3 4 5 / 6 7 8 9 10
	1 2 3 4 5 / 6 7 8 9 10
	1 2 3 4 5 / 6 7 8 9 10
	1 2 3 4 5 / 6 7 8 9 10
	1 2 3 4 5 / 6 7 8 9 10
	1 2 3 4 5 / 6 7 8 9 10
	1 2 3 4 5 / 6 7 8 9 10

BRAIN DUMP

GRATITUDE

HOME

WORK

PERSONAL

PROJECTS   OTHERS

NOTES:

DATE:

TODAY'S FOCUS

S M T W T F S

TODAY/WEEK'S GOALS

06:00
07:00
08:00
09:00
10:00
11:00
12:00
13:00
14:00
15:00
16:00
17:00
18:00
19:00
20:00
21:00
22:00
23:00

PRIORITY MATRIX

	URGENT	NOT URGENT
IMPORTANT		
NOT IMPORTANT		

MEDITATION / MENTAL BREAK

TODAY'S MOOD

NOTES

● TO START   ☑ OK   ⤴ DELAY   ☒ STUCK   ☒ CANCEL

PRODUCTIVITY PLANNER

DATE:

S M T W T F S

TODAY'S FOCUS

TODAY/WEEK'S GOALS

☐
☐
☐
☐
☐

06:00	
07:00	
08:00	
09:00	
10:00	
11:00	
12:00	
13:00	
14:00	
15:00	
16:00	
17:00	
18:00	
19:00	
20:00	
21:00	
22:00	
23:00	

PRIORITY MATRIX

	URGENT	NOT URGENT
IMPORTANT		
NOT IMPORTANT		

MEDITATION / MENTAL BREAK

TODAY'S MOOD

NOTES

● TO START   ☑ OK   ⇥ DELAY   ⊠ STUCK   ☒ CANCEL

BRAIN DUMP

GRATITUDE

HOME

WORK

PERSONAL

PROJECTS

OTHERS

NOTES:

HABIT TRACKER

HABIT	CHECKLIST
	1 2 3 4 5 6 7 8 9 10
	1 2 3 4 5 6 7 8 9 10
	1 2 3 4 5 6 7 8 9 10
	1 2 3 4 5 6 7 8 9 10
	1 2 3 4 5 6 7 8 9 10
	1 2 3 4 5 6 7 8 9 10
	1 2 3 4 5 6 7 8 9 10
	1 2 3 4 5 6 7 8 9 10
	1 2 3 4 5 6 7 8 9 10
	1 2 3 4 5 6 7 8 9 10
	1 2 3 4 5 6 7 8 9 10
	1 2 3 4 5 6 7 8 9 10
	1 2 3 4 5 6 7 8 9 10

PRODUCTIVITY PLANNER

DATE: _____

S M T W T F S

TODAY'S FOCUS

TODAY / WEEK'S GOALS

- ☐ _____
- ☐ _____
- ☐ _____
- ☐ _____
- ☐ _____

PRIORITY MATRIX

	URGENT	NOT URGENT
IMPORTANT		
NOT IMPORTANT		

MEDITATION / MENTAL BREAK ◠◠◠◠◠◠◠

TODAY'S MOOD 😣 😕 😐 🙂 😄

- 06:00
- 07:00
- 08:00
- 09:00
- 10:00
- 11:00
- 12:00
- 13:00
- 14:00
- 15:00
- 16:00
- 17:00
- 18:00
- 19:00
- 20:00
- 21:00
- 22:00
- 23:00

NOTES

● TO START ✓ OK ↑ DELAY ☑ STUCK ☒ CANCEL

BRAIN DUMP

GRATITUDE

HOME

WORK

PERSONAL

PROJECTS   OTHERS

NOTES:

HABIT TRACKER

HABIT	CHECKLIST
	1 2 3 4 5 / 6 7 8 9 10
	1 2 3 4 5 / 6 7 8 9 10
	1 2 3 4 5 / 6 7 8 9 10
	1 2 3 4 5 / 6 7 8 9 10
	1 2 3 4 5 / 6 7 8 9 10
	1 2 3 4 5 / 6 7 8 9 10
	1 2 3 4 5 / 6 7 8 9 10
	1 2 3 4 5 / 6 7 8 9 10
	1 2 3 4 5 / 6 7 8 9 10
	1 2 3 4 5 / 6 7 8 9 10
	1 2 3 4 5 / 6 7 8 9 10
	1 2 3 4 5 / 6 7 8 9 10
	1 2 3 4 5 / 6 7 8 9 10
	1 2 3 4 5 / 6 7 8 9 10
	1 2 3 4 5 / 6 7 8 9 10
	1 2 3 4 5 / 6 7 8 9 10
	1 2 3 4 5 / 6 7 8 9 10

PRODUCTIVITY PLANNER

DATE:

S M T W T F S

TODAY'S FOCUS

TODAY/WEEK'S GOALS

- [ ]
- [ ]
- [ ]
- [ ]
- [ ]

06:00
07:00
08:00
09:00
10:00
11:00
12:00
13:00
14:00
15:00
16:00
17:00
18:00
19:00
20:00
21:00
22:00
23:00

PRIORITY MATRIX

	URGENT	NOT URGENT
IMPORTANT		
NOT IMPORTANT		

MEDITATION / MENTAL BREAK

TODAY'S MOOD

NOTES

○ TO START   ✓ OK   ↑ DELAY   ☑ STUCK   ✗ CANCEL

BRAIN DUMP

GRATITUDE

HOME

WORK

PERSONAL

PROJECTS   OTHERS

NOTES:

HABIT TRACKER

HABIT	CHECKLIST
	1 2 3 4 5 / 6 7 8 9 10
	1 2 3 4 5 / 6 7 8 9 10
	1 2 3 4 5 / 6 7 8 9 10
	1 2 3 4 5 / 6 7 8 9 10
	1 2 3 4 5 / 6 7 8 9 10
	1 2 3 4 5 / 6 7 8 9 10
	1 2 3 4 5 / 6 7 8 9 10
	1 2 3 4 5 / 6 7 8 9 10
	1 2 3 4 5 / 6 7 8 9 10
	1 2 3 4 5 / 6 7 8 9 10
	1 2 3 4 5 / 6 7 8 9 10
	1 2 3 4 5 / 6 7 8 9 10
	1 2 3 4 5 / 6 7 8 9 10

PRODUCTIVITY PLANNER

DATE:

S M T W T F S

TODAY'S FOCUS

TODAY/WEEK'S GOALS

06:00
07:00
08:00
09:00
10:00
11:00
12:00
13:00
14:00
15:00
16:00
17:00
18:00
19:00
20:00
21:00
22:00
23:00

NOTES

PRIORITY MATRIX

	URGENT	NOT URGENT
IMPORTANT		
NOT IMPORTANT		

MEDITATION / MENTAL BREAK

TODAY'S MOOD

● TO START   ✓ OK   ↑ DELAY   ⟋ STUCK   ✗ CANCEL

BRAIN DUMP

GRATITUDE

HOME

WORK

PERSONAL

PROJECTS   OTHERS

NOTES:

HABIT TRACKER

HABIT	CHECKLIST
	1 2 3 4 5 / 6 7 8 9 10
	1 2 3 4 5 / 6 7 8 9 10
	1 2 3 4 5 / 6 7 8 9 10
	1 2 3 4 5 / 6 7 8 9 10
	1 2 3 4 5 / 6 7 8 9 10
	1 2 3 4 5 / 6 7 8 9 10
	1 2 3 4 5 / 6 7 8 9 10
	1 2 3 4 5 / 6 7 8 9 10
	1 2 3 4 5 / 6 7 8 9 10
	1 2 3 4 5 / 6 7 8 9 10
	1 2 3 4 5 / 6 7 8 9 10
	1 2 3 4 5 / 6 7 8 9 10
	1 2 3 4 5 / 6 7 8 9 10
	1 2 3 4 5 / 6 7 8 9 10
	1 2 3 4 5 / 6 7 8 9 10

PRODUCTIVITY PLANNER

DATE:

S M T W T F S

TODAY'S FOCUS

TODAY/WEEK'S GOALS

☐
☐
☐
☐
☐

06:00
07:00
08:00
09:00
10:00
11:00
12:00
13:00
14:00
15:00
16:00
17:00
18:00
19:00
20:00
21:00
22:00
23:00

PRIORITY MATRIX

	URGENT	NOT URGENT
IMPORTANT		
NOT IMPORTANT		

MEDITATION / MENTAL BREAK

TODAY'S MOOD

NOTES

● TO START ☑ OK ☐→ DELAY ☑ STUCK ✗ CANCEL

BRAIN DUMP

GRATITUDE

HOME

WORK

PERSONAL

PROJECTS   OTHERS

NOTES:

HABIT TRACKER

HABIT	CHECKLIST
	1 2 3 4 5 / 6 7 8 9 10
	1 2 3 4 5 / 6 7 8 9 10
	1 2 3 4 5 / 6 7 8 9 10
	1 2 3 4 5 / 6 7 8 9 10
	1 2 3 4 5 / 6 7 8 9 10
	1 2 3 4 5 / 6 7 8 9 10
	1 2 3 4 5 / 6 7 8 9 10
	1 2 3 4 5 / 6 7 8 9 10
	1 2 3 4 5 / 6 7 8 9 10
	1 2 3 4 5 / 6 7 8 9 10
	1 2 3 4 5 / 6 7 8 9 10
	1 2 3 4 5 / 6 7 8 9 10
	1 2 3 4 5 / 6 7 8 9 10
	1 2 3 4 5 / 6 7 8 9 10

PRODUCTIVITY PLANNER

HABIT TRACKER

HABIT	CHECKLIST
	1 2 3 4 5 / 6 7 8 9 10
	1 2 3 4 5 / 6 7 8 9 10
	1 2 3 4 5 / 6 7 8 9 10
	1 2 3 4 5 / 6 7 8 9 10
	1 2 3 4 5 / 6 7 8 9 10
	1 2 3 4 5 / 6 7 8 9 10
	1 2 3 4 5 / 6 7 8 9 10
	1 2 3 4 5 / 6 7 8 9 10
	1 2 3 4 5 / 6 7 8 9 10
	1 2 3 4 5 / 6 7 8 9 10
	1 2 3 4 5 / 6 7 8 9 10
	1 2 3 4 5 / 6 7 8 9 10
	1 2 3 4 5 / 6 7 8 9 10
	1 2 3 4 5 / 6 7 8 9 10
	1 2 3 4 5 / 6 7 8 9 10

BRAIN DUMP

GRATITUDE

HOME

WORK

PERSONAL

PROJECTS   OTHERS

NOTES:

DATE:

S M T W T F S

TODAY'S FOCUS

TODAY/WEEK'S GOALS

06:00
07:00
08:00
09:00
10:00
11:00
12:00
13:00
14:00
15:00
16:00
17:00
18:00
19:00
20:00
21:00
22:00
23:00

PRIORITY MATRIX

	URGENT	NOT URGENT
IMPORTANT		
NOT IMPORTANT		

MEDITATION / MENTAL BREAK

TODAY'S MOOD

NOTES

● TO START   ☑ OK   ↗ DELAY   ☒ STUCK   ✗ CANCEL

PRODUCTIVITY PLANNER

DATE:

S M T W T F S

TODAY'S FOCUS

TODAY/WEEK'S GOALS

- [ ]
- [ ]
- [ ]
- [ ]
- [ ]

06:00
07:00
08:00
09:00
10:00
11:00
12:00
13:00
14:00
15:00
16:00
17:00
18:00
19:00
20:00
21:00
22:00
23:00

PRIORITY MATRIX

	URGENT	NOT URGENT
IMPORTANT		
NOT IMPORTANT		

MEDITATION / MENTAL BREAK

TODAY'S MOOD

NOTES

● TO START   ✓ OK   ↑ DELAY   ⟋ STUCK   ✕ CANCEL

BRAIN DUMP

GRATITUDE

HOME

WORK

PERSONAL

PROJECTS   OTHERS

NOTES:

HABIT TRACKER

HABIT	CHECKLIST
	1 2 3 4 5 / 6 7 8 9 10
	1 2 3 4 5 / 6 7 8 9 10
	1 2 3 4 5 / 6 7 8 9 10
	1 2 3 4 5 / 6 7 8 9 10
	1 2 3 4 5 / 6 7 8 9 10
	1 2 3 4 5 / 6 7 8 9 10
	1 2 3 4 5 / 6 7 8 9 10
	1 2 3 4 5 / 6 7 8 9 10
	1 2 3 4 5 / 6 7 8 9 10
	1 2 3 4 5 / 6 7 8 9 10
	1 2 3 4 5 / 6 7 8 9 10
	1 2 3 4 5 / 6 7 8 9 10

PRODUCTIVITY PLANNER

DATE:

TODAY'S FOCUS

S M T W T F S

TODAY/WEEK'S GOALS

- ☐
- ☐
- ☐
- ☐
- ☐

06:00
07:00
08:00
09:00
10:00
11:00
12:00
13:00
14:00
15:00
16:00
17:00
18:00
19:00
20:00
21:00
22:00
23:00

PRIORITY MATRIX

	URGENT	NOT URGENT
IMPORTANT		
NOT IMPORTANT		

MEDITATION / MENTAL BREAK

◇ ◇ ◇ ◇ ◇ ◇ ◇ ◇

TODAY'S MOOD

☹ ☹ ☺ ☺ ☺

NOTES

● TO START   ✓ OK   ⬆ DELAY   ☒ STUCK   ☒ CANCEL

BRAIN DUMP

GRATITUDE

HOME

WORK

PERSONAL

PROJECTS   OTHERS

NOTES:

HABIT TRACKER

HABIT	CHECKLIST
	1 2 3 4 5 / 6 7 8 9 10
	1 2 3 4 5 / 6 7 8 9 10
	1 2 3 4 5 / 6 7 8 9 10
	1 2 3 4 5 / 6 7 8 9 10
	1 2 3 4 5 / 6 7 8 9 10
	1 2 3 4 5 / 6 7 8 9 10
	1 2 3 4 5 / 6 7 8 9 10
	1 2 3 4 5 / 6 7 8 9 10
	1 2 3 4 5 / 6 7 8 9 10
	1 2 3 4 5 / 6 7 8 9 10
	1 2 3 4 5 / 6 7 8 9 10
	1 2 3 4 5 / 6 7 8 9 10
	1 2 3 4 5 / 6 7 8 9 10
	1 2 3 4 5 / 6 7 8 9 10

PRODUCTIVITY PLANNER

DATE:

S M T W T F S

TODAY'S FOCUS

TODAY/WEEK'S GOALS

06:00
07:00
08:00
09:00
10:00
11:00
12:00
13:00
14:00
15:00
16:00
17:00
18:00
19:00
20:00
21:00
22:00
23:00

PRIORITY MATRIX

	URGENT	NOT URGENT
IMPORTANT		
NOT IMPORTANT		

MEDITATION / MENTAL BREAK

TODAY'S MOOD

NOTES

● TO START   ✓ OK   → DELAY   ⃥ STUCK   ✗ CANCEL

BRAIN DUMP

GRATITUDE

HOME

WORK

PERSONAL

PROJECTS

OTHERS

NOTES:

HABIT TRACKER

HABIT	CHECKLIST
	1 2 3 4 5 6 7 8 9 10
	1 2 3 4 5 6 7 8 9 10
	1 2 3 4 5 6 7 8 9 10
	1 2 3 4 5 6 7 8 9 10
	1 2 3 4 5 6 7 8 9 10
	1 2 3 4 5 6 7 8 9 10
	1 2 3 4 5 6 7 8 9 10
	1 2 3 4 5 6 7 8 9 10
	1 2 3 4 5 6 7 8 9 10
	1 2 3 4 5 6 7 8 9 10
	1 2 3 4 5 6 7 8 9 10
	1 2 3 4 5 6 7 8 9 10
	1 2 3 4 5 6 7 8 9 10
	1 2 3 4 5 6 7 8 9 10

PRODUCTIVITY PLANNER

DATE:

S M T W T F S

TODAY'S FOCUS

TODAY/WEEK'S GOALS

06:00
07:00
08:00
09:00
10:00
11:00
12:00
13:00
14:00
15:00
16:00
17:00
18:00
19:00
20:00
21:00
22:00
23:00

NOTES

PRIORITY MATRIX

	URGENT	NOT URGENT
IMPORTANT		
NOT IMPORTANT		

MEDITATION / MENTAL BREAK

TODAY'S MOOD

● TO START   ✓ OK   ⬆ DELAY   ✗ STUCK   ✗ CANCEL

BRAIN DUMP

GRATITUDE

HOME

WORK

PERSONAL

PROJECTS

OTHERS

NOTES:

HABIT TRACKER

HABIT	CHECKLIST
	1 2 3 4 5 6 7 8 9 10
	1 2 3 4 5 6 7 8 9 10
	1 2 3 4 5 6 7 8 9 10
	1 2 3 4 5 6 7 8 9 10
	1 2 3 4 5 6 7 8 9 10
	1 2 3 4 5 6 7 8 9 10
	1 2 3 4 5 6 7 8 9 10
	1 2 3 4 5 6 7 8 9 10
	1 2 3 4 5 6 7 8 9 10
	1 2 3 4 5 6 7 8 9 10
	1 2 3 4 5 6 7 8 9 10
	1 2 3 4 5 6 7 8 9 10
	1 2 3 4 5 6 7 8 9 10
	1 2 3 4 5 6 7 8 9 10

PRODUCTIVITY PLANNER

DATE:

S M T W T F S

TODAY'S FOCUS

06:00	
07:00	
08:00	
09:00	
10:00	
11:00	
12:00	
13:00	
14:00	
15:00	
16:00	
17:00	
18:00	
19:00	
20:00	
21:00	
22:00	
23:00	

NOTES

TO START   OK   DELAY   STUCK   CANCEL

TODAY/WEEK'S GOALS

PRIORITY MATRIX

	URGENT	NOT URGENT
IMPORTANT		
NOT IMPORTANT		

MEDITATION / MENTAL BREAK

TODAY'S MOOD

BRAIN DUMP

GRATITUDE

HOME

WORK

PERSONAL

PROJECTS   OTHERS

NOTES:

HABIT TRACKER

HABIT	CHECKLIST
	1 2 3 4 5 / 6 7 8 9 10
	1 2 3 4 5 / 6 7 8 9 10
	1 2 3 4 5 / 6 7 8 9 10
	1 2 3 4 5 / 6 7 8 9 10
	1 2 3 4 5 / 6 7 8 9 10
	1 2 3 4 5 / 6 7 8 9 10
	1 2 3 4 5 / 6 7 8 9 10
	1 2 3 4 5 / 6 7 8 9 10
	1 2 3 4 5 / 6 7 8 9 10
	1 2 3 4 5 / 6 7 8 9 10
	1 2 3 4 5 / 6 7 8 9 10
	1 2 3 4 5 / 6 7 8 9 10
	1 2 3 4 5 / 6 7 8 9 10
	1 2 3 4 5 / 6 7 8 9 10
	1 2 3 4 5 / 6 7 8 9 10

PRODUCTIVITY PLANNER

DATE: _____

S M T W T F S

TODAY'S FOCUS

TODAY/WEEK'S GOALS
- ☐ ●
- ☐ ●
- ☐ ●
- ☐ ●
- ☐ ●

- 06:00
- 07:00
- 08:00
- 09:00
- 10:00
- 11:00
- 12:00
- 13:00
- 14:00
- 15:00
- 16:00
- 17:00
- 18:00
- 19:00
- 20:00
- 21:00
- 22:00
- 23:00

PRIORITY MATRIX

	URGENT	NOT URGENT
IMPORTANT		
NOT IMPORTANT		

MEDITATION / MENTAL BREAK
◇◇◇◇◇◇◇◇

TODAY'S MOOD
☹ 😐 🙂 😀

NOTES
_____

● TO START   ☑ OK   ⬆ DELAY   ☒ STUCK   ☒ CANCEL

BRAIN DUMP

GRATITUDE

HOME

WORK

PERSONAL

PROJECTS   OTHERS

NOTES:

HABIT TRACKER

HABIT	CHECKLIST
	1 2 3 4 5 6 7 8 9 10
	1 2 3 4 5 6 7 8 9 10
	1 2 3 4 5 6 7 8 9 10
	1 2 3 4 5 6 7 8 9 10
	1 2 3 4 5 6 7 8 9 10
	1 2 3 4 5 6 7 8 9 10
	1 2 3 4 5 6 7 8 9 10
	1 2 3 4 5 6 7 8 9 10
	1 2 3 4 5 6 7 8 9 10
	1 2 3 4 5 6 7 8 9 10
	1 2 3 4 5 6 7 8 9 10
	1 2 3 4 5 6 7 8 9 10
	1 2 3 4 5 6 7 8 9 10
	1 2 3 4 5 6 7 8 9 10
	1 2 3 4 5 6 7 8 9 10
	1 2 3 4 5 6 7 8 9 10